乡镇（街道）社工站实务丛书

社工站
运营管理
怎么做

陈涛 肖伟 周伟静 / 编著

中国社会出版社

国家一级出版社·全国百佳图书出版单位

图书在版编目（CIP）数据

社工站运营管理怎么做／陈涛，肖伟，周伟静编著．
北京：中国社会出版社，2024．7．——（乡镇（街道）
社工站实务丛书／李焱林主编）．—— ISBN 978-7-5087
-7027-7

Ⅰ．D632

中国国家版本馆 CIP 数据核字第 2024GH1159 号

社工站运营管理怎么做

出 版 人：程　伟

丛书策划：王　前　李焱林

终 审 人：王　前

责任编辑：刘延庆

装帧设计：尹　帅

出版发行：中国社会出版社

　　　　　（北京市西城区二龙路甲 33 号　邮编 100032）

印刷装订：河北鑫兆源印刷有限公司

版　　次：2024 年 7 月第 1 版

印　　次：2024 年 7 月第 1 次印刷

开　　本：170mm×240mm　1/16

字　　数：200 千字

印　　张：10.25

定　　价：40.00 元

丛书前言

2006 年 10 月，党的十六届六中全会首次对构建社会主义和谐社会作出全面部署。党的十八大以来，以习近平同志为核心的党中央从党和人民事业发展的角度出发，进一步对社会建设作出了一系列重要论述和重大部署，将社会建设提到了前所未有的高度。社会建设工作是直接服务群众的工作，与群众冷暖息息相关，是我们党人民立场、人民情怀的集中体现。社会建设应坚持服务为先，以保障和改善民生为重点，着力解决人民最关心、最直接、最现实的利益问题。其中，加强和创新社会治理是社会建设的时代课题，是国家治理体系和治理能力现代化的重要内容。

民政部门履行基本民生保障、基层社会治理、基本社会服务等职责。民政工作关系民生、连着民心，是社会建设的兜底性、基础性工作，是国家治理体系和治理能力建设的重要基石。随着社会建设水平的不断提高，民政服务领域不断拓展、民政服务对象持续增加、民政服务诉求日益多元，民政部门迫切需要一支强有力的基层民政服务力量来回应民政服务对象日益增长的美好生活需要。然而，不同于教育、卫健等部门已在基层设立了专门的服务机构、配备了专业技术人员，民政部门长期缺乏专门的基层民政服务专业技术人才和机构。

1987 年，民政部在北京马甸举办"中国社会工作教育发展论证会"（学界称"马甸会议"），邀请原国家教育委员会、原人事部、原劳动部等政府部门，以及社会学与社会工作的专家、学者参与讨论，明确将社会工作专业作为民政工作的学科支撑。随后，民政部大力支持北京大学等高校恢复社会工作专业，并陆续出台社会工作者职业水平评价办法、民政事业单位社会工作专业技术岗位设置办法等系列政策文件，推动社会工作专业力量成为民政工作的专业技术人才。但受限于政府机构改革背景下机构编

1

制和人员编制只减不增的红线，在体制内增设社会工作服务机构和社会工作专业技术岗位的尝试步履维艰。

2017年初，为着力破解基层服务能力不足这一长期制约民政事业高质量发展的痼疾，民政部将加强基层民政工作作为贯穿全年的重点任务，通过抓住和"解剖"乡镇这个"点"，查找乡镇民政工作存在的薄弱环节和突出问题，总结各地在实际工作中创造出的好经验好做法，探索可做到、可推广和可持续的长效机制。为深入贯彻落实民政部关于加强基层民政服务能力的工作部署，广东、湖南等地先后通过政府直聘社会工作者、政府购买社会工作服务等方式，开展乡镇（街道）社工站建设，配备一支专业社会工作人才队伍扎根基层一线提供服务，有力地充实了基层民政服务力量，提升了基层民政服务水平，使基层民政力量薄弱这一老大难问题得到了根本性缓解，为各地提供了示范和参考。

2020年10月，民政部在湖南长沙召开"加强乡镇（街道）社会工作人才队伍建设推进会"。会上，时任民政部党组书记、部长李纪恒高度肯定了广东、湖南等地通过建设乡镇（街道）社工站加强基层民政能力建设的做法，要求各地因地制宜、分类推进，全面开展乡镇（街道）社工站建设。2021年4月，民政部办公厅印发《关于加快乡镇（街道）社工站建设的通知》（民办函〔2021〕20号），进一步要求各地加紧制定政策，将乡镇（街道）社工站建设纳入民政重点工作；加强资金保障，统筹社会救助、养老服务、儿童福利、社区建设、社会事务等领域政府购买服务资金及彩票公益金中用于老年人、残疾人、儿童和社会公益等支出资金，优先用于购买乡镇（街道）社会工作服务；把握推进步骤，抓紧制定时间表和路线图，争取"十四五"期间实现乡镇（街道）社工站全覆盖。在民政部的统一部署下，各地社工站建设全面推进。截至2023年1月，全国已建成社工站2.9万个，7万名社会工作者驻站开展服务，总覆盖率达78%，其中8个省份已实现全覆盖，16个省份覆盖率超80%。

乡镇（街道）社工站迅速成为中央和地方各级各部门推进社会建设的重要抓手。党中央、国务院先后在基层治理、乡村振兴等多项国家发展规划中对社工站建设进行了部署，民政部将社工站建设纳入兜底民生和民政事业改革统筹安排，地方政府将社工站建设纳入党委政府民生实事重点工程。乡镇（街道）社工站建设的重要意义包括但不限于以下三个方面：首先，它为民政部门配备了一支与本部门专业对口、由本部门业务管理的基层社会工作专业技术人才队伍。这支队伍不论在数量上，还是在年龄、学历、综合能力、专业素养和工作热情上，都具备较大的优势，为基层民政服务奠定了坚实的组织和人才基础，为民政事业的转型升级和高质量发展提供了人才支撑。其次，它搭建了一个民生服务综合平台。乡镇（街道）社工站从乡镇（街道）层面对辖区内已有服务阵地进行整合和盘活，对村居的兼职民政工作人员、村医、村小教师等已有服务力量进行增能培力，并通过链接各级民政部门、其他各级政府部门资源以及社会慈善力量，因地制宜推动民生服务系统化、专业化发展。最后，乡镇（街道）社工站以服务特定困难人群为切入点，通过联动各方服务特定困难人群的这一过程，撬动社区内外各类资源，调动社区内外各方力量，激发基层社会治理活力，激活社区内生动力，逐渐形成一套社区自我服务机制，创新和完善了基层治理体系。

实践表明，乡镇（街道）社工站建设是一个从调研论证，到顶层设计、项目动员、政府采购、启动实施、项目监管、专业支持及经验成效总结，循环往复发展的过程。这一过程不仅需要省、市、县、乡四级民政部门上下联动、密切配合，也离不开各级财政、人社、组织、审计等相关部门的通力合作、无缝对接，离不开省级项目办、市级指导中心、县市区社工总站的鼎力协助、专业支持，尤其离不开项目承接机构和站点一线社工的积极投身、倾力建设。建设过程延续，建设主体多元，建设内容多样，加之这是一项创新性的工作，各建设主体的参与意识、能力和经验不一，建设成效参差不齐。从各地实际来看，乡镇（街道）社工站建设中普遍存在体制机制不完善、项目承接机构行政和服务管理经验缺乏、站点一线社工专业知识和技能不足等问题，严重制约着乡镇（街道）社工站作用的进一步发挥。

为此，中国社会出版社组织高校社会工作学者和资深社会工作实务工作者，编写了"乡镇（街道）社工站实务丛书"，以期为乡镇（街道）社工站各建设主体持续深入推进社工站建设提供实操指引。本丛书以先行先试地区的经验和案例为蓝本，从乡镇（街道）社工站建设的宏观、中观和微观层面展开详细论述。其中，宏观层面讨论了如何建立健全乡镇（街道）社工站的体制机制，中观层面讨论了如何开展乡镇（街道）社工站的人才培养、督导支持、项目设计、运营管理，微观层面讨论了乡镇（街道）社工站（点）如何提供社区、社会救助、儿童和老年人社会工作服务。

2023 年 3 月，党和国家机构改革，组建中央社会工作部，负责统筹推进党建引领基层治理，指导社会工作人才队伍建设。2024 年 7 月，党的二十届三中全会审议通过的《中共中央关于进一步全面深化改革 推进中国式现代化的决定》进一步作出部署，要"健全社会工作体制机制，加强党建引领基层治理，加强社会工作者队伍建设"。当前，乡镇（街道）社工站已然成为社会建设的重要抓手，丛书的出版既是对本土社会工作实务经验的阶段性总结，也为进一步做好乡镇（街道）社工站建设提供了指引。丛书在编写过程中得到了各分册撰写团队的大力支持，很多专家、学者及社会工作者对丛书的编写提出了宝贵建议，在此表示衷心感谢。乡镇（街道）社工站建设是一项正处于快速发展过程之中的开创性工作，限于编写人员的能力与水平，书中难免会有一些阐述不到位、不准确的地方，还请各位读者多多批评指正并提出宝贵建议。期待在大家的指导和帮助下，共同助力乡镇（街道）社工站更好更快地建设和发展。

目 录
CONTENTS

1

第1章

社工站人员配备与管理

社工站人员配备与管理是社工站有效运行的保证，是促进目标实现的关键因素。人员在社会工作实现目标的过程中起支配作用，社工站的稳健运营依托于优秀的社会工作人才和完善的制度。做好社工站的人员配备与管理工作，实现人得其事、岗得其人，营造良好的工作环境，从而调动人员的积极性、主动性和创造性，提升社工站的凝聚力与综合竞争力，最终将有助于实现社工站运营管理良性循环的目标。本章将重点就怎样实现社工站的人员配备与管理作介绍，帮助读者掌握社工站运营管理中的岗位设置、人员配置、队伍建设的方法和目标。

社工站人员配备与管理的基本原则：一要服从于社工站建设政策要求；二要坚持优势定位，人岗相适；三要供需一致，动态调整；四要充分开发培育本地人才。

第一节　社工站岗位设置

社工站岗位设置是社工站根据自身情况，为实现社工站的目标而进行的组织和分工，每一个岗位都应该有自己的岗位职责和任职条件。设置社工站的岗位需要详细梳理工作流程，确定具体工作内容，明晰岗位职责范围和任职条件。岗位的类型和数量应按照科学合理、供需一致和精简高效的标准来设置，通过岗位设置有效优化人力资源配置，完善社工站社会工作人才队伍建设，促进社工站的高质量运行发展。

一、怎样分配各岗位的职责

2021 年 4 月，民政部办公厅印发《关于加快乡镇（街道）社工站建设的通知》，统筹加快推进乡镇（街道）社工站建设进度，把握专业化、高质量的乡镇（街道）社工站发展方向，全国社工站建设大步推进。社工站的运营模式主要有外包式和直聘式两种：外包式以湖南省的"禾计划"为代表，是通过民政部门购买社会工作服务项目的形式来运行；直聘式以广东省的"双百工程"为代表，以乡镇（街道）直接聘用社会工作者负责社工站的运营和管理。虽然运营模式不同，但是各地社工站都要根据当地具体需求设置不同岗位、确定岗位职责。

（一）岗位设置及职责分配的原则

人力资源管理中提到的"因事设岗"是岗位设置的基本原则。在岗位设置具体工作中，还应遵循以下几个原则。

1. 党建引领原则

坚持将党建引领作为首要原则，就社工站岗位设置与政府协调一致，引导社会工作者在乡镇（街道）、村（社区）党组织领导下开展工作。社工站的职能、工作内容及目标等应与政府积极沟通，并积极响应党组织的号召，从而确定社工站的各个岗位设置。

2. 供需一致原则

社工站的岗位设置是根据目前社工站的工作任务和工作内容确定的，针对近一段时间内必须开展实施、可操可行的工作而进行招募。

3. 最少岗位数量原则

社工站岗位设置的数量是由社工站工作任务的多少、复杂程度及经费状况决定的。社工站岗位设置应遵循最少岗位数量原则，保证每个岗位的工作人员的工作量是饱和的，同时还要保证每个岗位均有专业人员负责，避免出现职责不清的混乱状态。

4. 密切协作原则

社工站的任何一个岗位都不是独立存在的，是在整体目标的基础上进行的层层分解，最终将某一项具体的工作落实到某一个岗位。有分工、有合作，沟通无障碍和高效才能最终形成合力，助力社工站的良好运营和可持续发展。

　　岗位职责是指一个岗位需要完成的工作内容以及应当承担的责任范围，是一个具象化的工作描述。岗位职责由授权范围和相应的责任两部分组成，是职务与责任的统一。明确社工站的岗位职责可以使每一个工作人员明晰工作范畴，防止因职责不清导致工作扯皮的现象发生，充分履行岗位职能，提升工作效率，实现人力资源的科学合理配置。同时，岗位职责也是社工站考核评估的依据之一。

（二）岗位设置及职责分配的流程

1. 政策文件指引

　　各省（自治区、直辖市）各级民政部门关于乡镇（街道）社工站建设的政策文件中明确提出社工站建设的总体目标、基本原则、服务内容、实施步骤及相关工作要求等，这些政策文件是社工站岗位设置及岗位职责的指导性、规范性依据。如《北京市街道（乡镇）社会工作服务中心试点建设实施方案》在运行机制中明确提出，街道（乡镇）社会工作服务中心应当明确工作任务，规范服务流程和标准，建立项目、人员、财务、服务档案等管理制度。由街道（乡镇）明确一个部门或机构负责管理，部门或机构负责人兼任中心主任，负责工作协调；站内选拔一名经验丰富的专业社工或社区工作者担任常务主任，负责日常管理，具体服务由相应职能科室进行业务指导。

2. 政府、专家、机构共同商讨

　　在政策文件指引下，政府、专家及相关社会组织就社工站建设的目标、职能及服务内容进行线上或者线下商讨，并就社工站的实施方案、组织架构、岗位分配及职责进行头脑风暴，实现三方之间的沟通、协作和共建。

3. 运营方构建岗位职责

　　社工站运营方将利益相关方的意见进行整理记录，厘清相应岗位的工作人员到底要做哪些工作，承担什么样的职责，才能达到这些目标。

4. 向各利益相关方明确公布

　　社工站岗位职责明确之后，以纸质版或者电子版的形式传达给各利益相关方，使外部明确社工站建设的目标、组织架构及相关岗位职责。

（三）岗位设置及职责分配的内容

1. 岗位设置

社工站的岗位设置是由所在区域的服务对象、服务内容及社工站的运作管理来决定的。社工站的运营管理至少要有一名专职且有丰富社会工作实践经验的社会工作者来负责，其他的岗位则根据实际情况设置。

管理性岗位：实际负责社工站的运营和管理，根据地域不同称为"主任"或者"站长"。管理性岗位可由政府某个部门的负责人或经验丰富的专业社会工作者担任。政府某个部门的负责人可承担监督的职能；社工站的日常运营管理由专业社会工作者负责，并承担考核、评估及外联等职能。

督导培训岗：专业性和本土性是社工站建设中的重要一环，督导培训是保持社工专业性，培养本土社会工作者的有效途径之一。督导培训岗的社会工作者要具有一定资质和工作经验，一般由站长或者社会工作者骨干担任，也可发挥资源链接的功能，链接高校的专家老师提供督导。外包式的督导可由承接社工站建设项目的专业社工机构自身的督导老师来提供。督导培训岗可以为专业社会工作者和在地人才（民政专干、志愿者等）提供职场通用、调查评估、方案设计、服务提供、成效总结等技能培训。

事务性岗位：协助基层部门做好社会救助、社会福利、社会事务以及相关社会治理等方面的工作，如上级调研、养老政策问答等公共性事务，也承担社工站建设初期的宣传推广职责。

专业服务性岗位：在社工站的服务范围内提供社会工作专业服务，诸如评估需求，梳理资源，确定服务方向和服务重点，结合所在区域的人、文、地、产、景打造有温度的社会治理"服务品牌"，推进品牌建设等。专业服务性岗位要求社会工作者具有专业素质和专业社会工作方法，具备相关方面的知识、能力和价值观，并且能够灵活将社会工作专业方法转化为行动，使服务效果在服务对象身上显现。

2. 职责分配

社工站的职责是根据社工站的目标和服务内容而确定的。一般而言，社工站的职责包括以下几个方面。

（1）负责社工站的日常运营管理、外联和沟通协调。

（2）负责与主管部门及其他相关方共同设计服务方案，组织和开展专业服务活动。

（3）建立并完善开展社区社会事务、高校社会工作专业的师生实习实训及课题研究等社会工作实践基地功能。

（4）在社工站的运营管理过程中，推动和支持各类志愿者团队或社区积极分子在社工站运行过程中发挥作用。

（5）负责为基层干部赋能，通过培训或者实务操作演示的方式，提升基层干部的治理能力。

（6）完善相关管理制度，如运营管理制度、项目管理制度、人事管理制度、档案管理制度等，保证各项工作的规范化运行。

（7）对专业人员和在地力量定期开展督导培训，如对专业社会工作者、志愿者、基层干部等人员的能力建设活动，提升他们在社工站建设中的专业能力。

案例分享 ···

W 镇社工站岗位设置及职责

北京市大兴区 W 镇社会工作服务中心按照政策要求，由主管领导对工作进行全面领导和统筹协调；民生保障办公室（民政）负责人负责中心与镇相关职能科室的对接和协调、管理、监督等工作；选拔承接机构由一名经验丰富的专业社会工作者担任中心专职副主任，负责中心的日常管理运行和业务开展。在职责分工上，主任负全面领导责任；行政副主任负责政策管理、监督、协调等；专职副主任负责日常运营管理及村级站点考核指导协调工作；专职事务社会工作者负责镇村两级站点的宣传推广及其他协助行政事务的工作；专职培训社会工作者负责统筹组织开展镇村两级站点的项目督导、人才能力建设及其他相关工作。

村级社工站由村党支部书记兼任社工站站长；村委会 2 名成员兼任副

站长和协调专员；1名专职事务社会工作者负责村级站点的专业社会工作服务活动。在职责分工上，站长主持全面工作；副站长负责管理、监督、协调等工作；协调专员负责动员和协调相关社会资源和人员；专职事务社会工作者负责村级站点的服务活动、宣传推广及其他日常性工作。在社工站建设中，组织架构的人员设置不应全部依赖社会工作者，要与所在的村（社区）相联合，如站长职位可以由村（社区）书记（优先选择考取社会工作师证书的）担任，能主持社工站的全面工作，同时也能使社工站和村（社区）中的各项事务工作达到通力协作，具体的组织架构还可根据所在村（社区）的实际情况设置不同岗位，也可与所在村（社区）的支委人员连接起来，使社工站建设能有更加明晰的在地性和本土化特点，具有一定的相对持续性。同时，各岗位职责人员应掌握一定的技能，如办公软件使用、驾驶技能等，促进社工站工作和建设的顺利进行。

二、怎样确定各岗位的任职条件

社工站各岗位的任职条件主要包含学历要求、专业背景、资质证书、专业技能以及相关工作经验。

学历要求：任职于社会工作岗位应具有国家承认的大学专科及以上学历。

专业背景：了解掌握社会工作、社会学、心理学等学科知识。

资质证书：任职于社工站岗位至少要取得助理社会工作师职业资格证书。

专业技能：任职于社工站岗位应具有社会工作专业技巧和能力，包含策划能力、沟通能力、协调能力、统筹能力等。

相关工作经验：本科社会工作专业应届毕业生可担任社工站一线驻站社会工作者岗位，具有3年及以上工作经验并获取中级社会工作师证书的可担任见习督导；非社会工作专业毕业的应具有相关社区工作3年及以上经验方可担任社工站一线驻站社会工作者岗位。

第二节　社工站人员配置和管理

乡镇（街道）社工站建设的标准是有场地、有设备、有人员、有服务功能、有工作流程、有规章制度。"人"是社工站运营管理的主体，"人"的选择、培训、激励、考核等都是社工站运营管理的重要环节。社工站的管理应该坚持"以人为本"的理念，激发团队积极性，协调团队关系，建立高素质的社工站人员队伍。

一、怎样确定人员配置及薪酬标准

人员配置的岗位性质和数量是由工作目标和服务内容决定的，薪酬标准与岗位性质相关。社工站人员的薪酬标准应不得低于当地最低工资标准，且应根据社工站服务项目的预算情况进行调整。直聘运营的社工站的社会工作者的薪酬组成及待遇建议参考政府制定的工资制度执行；外包运营的社工站的社会工作者的基础薪酬的制定依据社工机构的工资制度与岗位挂钩，且与职称证书（初级、中级、高级）、学历、工龄及工作表现相关。薪酬主要由基础报酬和绩效奖金两部分构成。基础报酬是指按月发放或者按照合同约定发放的薪酬；绩效奖金根据年度考核结果和服务完成情况而定，一般在年终一次性发放。

二、怎样聘用和使用人员

（一）人员的聘用

1. 聘用的原则

（1）公平公正、竞争择优原则。相关招聘信息面向全社会，使符合条件的人才都有公平参与的机会，通过考核选择优秀人才，同时接受社会监督。

（2）因事选人、知人善任原则。根据岗位的特点和内容选择符合任职条件的人，了解并分析每一名应聘人员的长处和特点，把合适的人放在合适的岗位上。

（3）价值观认同原则。除了注重应聘者的知识、能力、经验外，还应该通过观察和访谈了解他们在日常工作的言语和行动中是否认同社会工作价值观，是否可以将其内化为情感认同和行为习惯，是否可以在价值观的影响下开展专业社会工作服务。

2. 招聘渠道

（1）内部招聘。内部招聘建立在社工站运营管理成熟、人才培养体系完善、人才储备充足的基础上，可采用选拔提升、工作平调（长期）、工作轮换（短期）和人员重聘（退休人员、长期休假人员）四种方式。可由个人或部门提出书面申请，考核通过后，由相关负责人员审批通过。此种方式可以调动员工的积极性，降低招聘成本。

（2）校园招聘。社工站可根据校园招聘的时间（每年的9—11月和次年的3—4月）将招聘信息发往各校招生就业处或招生就业办公室，优先选择有合作的高校，参加学校招聘宣讲会或人才交流会，招聘相关专业的应届毕业生进行储备和培养。社工站前期应成立专项负责招聘事宜的小组，在已经选择好的高校提前准备好相关宣传材料，以线上或者线下招聘会的形式接受报名和接收简历，通过笔试和面试的流程录用人员、签订协议。

（3）媒体招聘。社工站可通过自己的网站、公众号或者第三方招聘网站等发布岗位招聘信息。这种方式时效性较强，但信息的真实度需要负责招聘事宜的人员进行认真分辨，筛选简历之后，与应聘者约定笔试或者面试的时间。另外，也可结合当地所具有的媒体资源，如公交车、报纸、公园或广场显示屏等公众场合，以广告的形式发布招聘信息。

（4）人才市场招聘。社工站建设以本地优秀人才为主，可将招聘信息通过本地的人才市场发布，或者参加本地现场的人才市场招聘会。招聘信息包含社工站名称、岗位名称、岗位职责、任职条件、薪酬福利、招聘人数、联系人、联系方式、社工站地址等信息。

3. 聘用流程

（1）公布聘用岗位及其职责、任职条件、人数等事项。

（2）应聘人员网上报名，申请岗位。

（3）招聘小组对应聘人员的资格、条件进行初审。

（4）招聘小组对通过初审的应聘人员进行考试，择优确定初试名单。

（5）通过初试，社工站招聘小组集体讨论确定受聘人员。

（6）与受聘人员签订聘用合同。

4. 聘用人员需要提交的相关资料

一寸免冠彩照两张、个人简历、毕业证复印件、相关专业技术等级证书复印件以及其他相关个人资料。

（二）人员的使用

1. 完善规章制度，促进规范化管理

明确社工站的建设目标、宗旨理念、组织架构、工作任务及各项制度建设，依据岗位职责和工作任务量均衡配备人员。上岗社会工作者应对社工站的各项规章制度了然于心，保证各项工作有章可循、有理可依，让人人有事做、人人知道做什么成为工作常态。比如，统一规范社工站的服装、标识、标牌和刊物，制定社工站运营管理、档案管理、项目管理、人事管理、志愿者管理等制度。日常工作进行考核，建立考勤制度、请假制度及站点评比制度，有效促成专业素质的养成。

2. 竞争考核，优胜劣汰

社工站的工作岗位如果缺乏长久的内在动力和激励机制，站内的社会工作者就容易面临"职业倦怠"的威胁，进而可能会导致社工站人员流失和社工服务断层的现象。这与社会工作者自身能力提升、压力释放、激励、晋升渠道等需求得不到满足息息相关。社工站可根据社会工作者从招聘入职、督导培训、实务开展到考核评估等阶段的表现来建立人才梯队，采取工资标准与工作能力、专业职称相结合的竞争方式，设计级别工资待遇。如建立三级五档工资制，管理岗位享受一级工资待遇，督导培训岗享受二级工资待遇，事务和专业社会工作者岗享受三级工资待遇。每级工资又可分为 5 个不同的档次，每档差别不少于 100 元。享受一级一档工资待遇，工作每满 1 年，可提升 1 档。但必须经过严格的考核评估，考评达标后方可提档。提档考评内容包括职场技巧、理论知识、实务水平、服务质量、服务态度等。同时，还可结合专业职称证书，考取助理社会工作师、社会工作师、高级社会工作师者予以晋升并提高相关工资待遇。

3. 优化督导培训

首先是岗前培训。岗前培训可以使新加入的社会工作者快速进入工作状态，对社会工作有一个真正的了解，对自己的职业目标有一个初步的设定。岗前培训的内容包含职场通用技能、调查评估技能、方案设计技能、服务提供技能、成效总结技能。其次是以传帮带的方式，缩短试用期。有丰富社会工作实践经验的社会工作者扮演教育者、咨询者的角色，通过协同开展服务将社会工作的理论知识、专业方法、沟通技巧及实务开展流程等经验经历教授给新手社会工作者。新老社会工作者协同走访社区，资深社会工作者通过实地演练传授新手社会工作者访谈技巧。调研结束后，新老社会工作者共同讨论社区存在的问题，梳理社区资产（人员、场地、文化等），实地评估所在场域的需求，制订服务计划。最后是注重社会工作者的再培养。抓好基本理论、基本知识和基本专业方法的"三基"训练是再培养的核心。根据工作时长和考核情况对社工站的社会工作者分层次进行培养，对于3年以内工作经验的社会工作者采取专题培训班、岗位轮换、定期考核等方式进行"三基"训练。对于3年以上工作经验的社会工作者除了"三基"训练以外，还应建立专项社会工作领域的技能训练，在资金条件允许的情况下，可适当安排外出学习。同时，在提升学历和考取职业证书方面应制定激励措施，鼓励社会工作者自觉提升自身能力。

4. 加强激励机制

社会工作者的激励主要体现在对自己职业的认可和薪资待遇的提高上，只有解决社会工作者的实际问题，满足其物质和精神需求，才能保证人员的稳定性。社工站除了为社会工作者提供功能齐全的办公环境外，还要保证社会工作者享受公平的待遇。比如，每年"社会工作宣传周"开展评选"优秀社会工作者"的活动，每年年终开展评选先进社会工作者的活动，从社会工作者中发现典型、树立典型、激励典型，做到精神激励和物质激励相结合。同时，对被评为先进社会工作者的，除给予通报表彰外还要给予一定的物质奖励。对社工站建设作出突出成绩或为社工站争得突出荣誉的社会工作者均给予适当奖励。

三、怎样开展人员培训

对于社工站来说，社会工作者的专业素质和专业能力是社工站良好运营发展的关键，而培训则是保证和提高社会工作者专业素质和专业能力的重要一环。培训的对象包含社会工作者、志愿者组织、基层工作人员。培训的内容主要包含通用型知识和政策制度、专业方法技能、理论知识、团队合作、沟通协调、创新能力及同行业发展趋势，主要围绕专业理论知识、岗位技巧方法和团队合作展开。培训可采用经验交流与讨论、现场讲演、案例研究、课堂传授、师傅指导等形式。培训的基本流程包含分析培训需求、制订培训计划、实施培训方案、评估培训效果和改善培训体系等。

（一）分析培训需求

需求是制订培训计划的源头，需要从两方面考虑：一方面要考虑社工站整体的战略发展规划。培训的目的是培育优秀的人才服务于社工站的战略发展规划，社工站的发展需要什么样的人，社工站的岗位需要什么样能力的人，就需要培训出什么样的人。另一方面要考虑被培训者的需求。被培训者有不同的兴趣爱好和职业发展路径，不同的需求就需要不同的培训方式和方法，需求得到满足才能调动其主观能动性，才能充分汲取培训的知识，才能达到培训的目的。

培训需求分析可以采用问卷和访谈的形式收集不同层级人员的信息，了解社会工作者对培训内容和培训方式的需求、对培训的态度，然后按需培训，避免资源浪费。只有很好地了解培训的需求才能制订出符合社工站发展的、合理化的培训计划，精准确定合适的培训内容。

建立起基于一线社会工作者满意度的培训体系，需要做到以下几个方面。

首先，保证培训内容的质量。从多个渠道引入优质资源，保证培训内容与实际工作相贴合，做到对于被培训者有实质性的帮助。

其次，转变培训形式和方法。由继承知识向创新知识转变，由"查漏补缺"向"挖潜赋能"转变，充分了解社会工作者对培训的期望和要求，多采用演练型（角色扮演）、实习型（岗位轮换）、研讨型（小组讨论）、游戏型、活动型、案例型等实操性方法，减少以讲授型和师傅指导为主的单一培训形式，使培训成为触及心灵深处的有趣体验，从而调动培训对象的参与积极性，提升培训效果。

最后，选择适当的培训时间。在组织培训的过程中，切忌过多占用社会工作者的个人休息时间，此方式会令社会工作者对培训产生抵触情绪，打击社会工作者参与培训的积极性。非工作时间的培训，可采用考核激励的方式鼓励社会工作者参加。重要的培训建议在工作时间开展，并做好社会工作者在培训期内的福利保障、带薪培训，适当减少工作量，使社会工作者感受到培训是充电的过程，而不是额外的负担。

（二）制订培训计划

根据需求确定培训目标、分析培训目标，制订培训计划、培训内容、培训人员、培训方法、培训预算等。社工站可根据管理人员、新老社会工作者、督导者等不同参加者的需求制订年度培训计划，根据不同层次的岗位设计不同内容的培训，如管理能力培训、实务能力培训、督导能力培训、岗前培训等。培训计划的内容可包含培训目标、培训方式、培训内容、具体安排、师资、预算、培训评估、风险应对等。培训还需要准备教材、课件、物资、道具、场地、设施设备等。

（三）实施培训方案

实施培训方案是一个具体执行、具有操作性的过程。

首先，确定培训人群，建议采取"线上+线下"多种方式进行宣传招募，如微信群、公众号或者线下点位摆放，确保报名的对象为预定参与对象，与培训内容相符合。"线上+线下"相结合的方式已成为一种不可阻挡的趋势。线上培训可采用学习交流、跨区域研讨等方式，多增加参加者的发言机会；线下培训则宜动不宜静，可以多设置体验、实操等环节，提升对参加者的吸引力。

其次，社会工作的实践性和反思性很强，且涉及很多领域，如妇女、儿童、老年人、残疾人等，因此培训实施时宜选择多种方式，诸如讲授、情景模拟（角色扮演）、游戏体验、案例研习、小组讨论、实际应用（实习）等。

（四）评估培训效果

培训效果的评估是按照一定的参照标准对培训的效果作出客观的评价。评估的内容包含培训是否按计划开展、目标是否达到，以及参与者对培训的满意度，还可以通过前测和后测的方式了解参加培训人员前后是否有改变。评估者可以是培训老师，也可以选择第三方机构。评估的时间分为培训过程中和培训结束后。评估的方式可采用问卷、访谈和观察法：以问卷的方式来收集信息，进行数据分析；以访谈的方式直观了解参与者的感受和收获，或者让参加者在培训结束之后撰写培训心得；以观察的方式了解被培训人员参与培训之后实操水平是否提高。

（五）改善培训体系

根据培训的评估结果，相关负责人进行分析并制订改善方案。方案中要列明具体的行动和步骤、行动过程中所需要的后勤支持、主要的负责人、具体完成时间、改善之后所能达到的标准等。在培训体系中要加入职业规划和文化价值观内容，以增强从业人员的归属感和凝聚力。然后，再按照制订培训计划、实施培训方案、评估培训效果、改善培训体系的过程循环改正和完善，不断打造出一批又一批优秀的社会工作人才。

四、怎样促进人员发展

社会工作人才队伍建设是社工站可持续发展的源泉。一方面，提升社会工作者发展空间，强化宣传，融合线上线下多种形式，多维度展示本地社会工作在社区治理等方面的重要成果，如制作并播放宣传视频、环境布置（公交站牌+村宣传栏）、专刊下村、联动宣传等方式，让更多的人深入了解社会工作、理解社会工作者、尊重社会工作者，积极争取政府及相关部门的支持，逐步形成全社会都来关注、支持社会工作及人才队伍建设的格局。另一方面，从培训、督导等方面针对民政专员、社会工作者开展不同种类培训，如实操类、理论知识类、服务政策类等，提升服务人员的思想意识和社会工作的服务技巧，优化站点社会工作专业化服务水平，保障社工站服务效果。

五、怎样做好人员绩效管理

人员的绩效管理是为工资调整、培训开发、职位晋升等诸多环节提供决策的依据。可以通过衡量社会工作者在当前工作状态下的绩效，分析存在的问题，提升工作的规范性和计划性，提升社会工作者的能力，推动正向行为，提高社工站的凝聚力和归属感，实现社工站的战略发展目标。绩效管理的流程包含制订绩效考核计划、进行技术准备、培训考核人员、收集资料信息、评估实际绩效和发展情况、考核结果应用、绩效管理改进七个方面。

（一）制订绩效考核计划

绩效考核计划的内容包含考核目的、考核对象、考核内容、考核方法及考核时间等。由于社会工作者的流动性较大，社工站应考虑缩短考核周期，尽可能让更多的社会工作者参与，半年考核一次或一季度考核一次为宜。考核周期的缩短和评估次数的增多，能够提高社会工作者对自身工作能力、工作效果、工作满意度的认可度，既满足了社会工作者自我价值实现的需求，也可以及时发现社会工作者在工作中存在的问题。社工站可以引入以平衡计分卡为核心的绩效评价体系，设置财务维度、客户维度、内部流程维度、学习与成长维度等标准。财务维度，是指社会工作者的财务管理能力，即如何以更少的资金完成更多任务，提高服务效率和质量。客户维度，是指服务对象对社会工作者的满意程度。服务对象的满意程度关系社会工作者是否能够继续发展。客户维度的引入，使得社会工作者在重视工作量完成的同时，更注重服务质量，有利于提高社工机构的社会公信力。内部流程维度，是指确认社工机构擅长的关键的内部流程。学习与成长维度，是指能否提高和创造价值，可以通过社会工作者技能熟练程度、渴望提升的欲望、服务对象对社会工作者的满意度等来衡量。

（二）进行技术准备

技术准备包含确定绩效指标、考核方法及培训考核人员。绩效指标不能一味强调工作量，而忽视了人性化，要多重视"服务对象满意度"的反馈。对于不同岗位、不同职能、不同服务目标的绩效考核，指标所占权重应该有所不同。绩效考核方法可选择问卷、访谈和观察的方式。考核人员的选择应该主体多元化，可由社会工作者自评，或者由管理人员、同事甚至服务对象等全方位、多角度地来评估。另外，社工站应提前准备好评估材料，如评估标准、个人相关工作总结、发表论文情况、项目投标与执行情况和相关依据材料，以体现出对被评估者的重视，增进互信。

（三）培训考核人员

绩效管理追求的是发现问题、解决问题，而不是进行责备和惩罚。社工站应加强对考核人员绩效管理理念、绩效管理流程和绩效管理方法与技巧的培训，使其熟悉考核标准，掌握考核方法和绩效管理技巧，尤其是要加强绩效计划制订和绩效沟通的重点培训，以制订科学实用的绩效计划和标准。

（四）收集资料信息

收集资料信息的目的是建立与考核指标体系有关的制度，一般采用问卷、访谈提纲等方式来实现。所收集的资料进行电子和纸质版档案留存。

（五）评估实际绩效和发展情况

加强过程评估与日常评估。管理人员对社会工作者的工作能力、工作态度和服务对象反馈等情况随时进行考核并记录，以便作为年度考核的参考材料，同时也可以及时让社会工作者了解自身情况。

（六）考核结果应用

按照提前确定好的奖励标准予以奖励。例如，对绩效考核优异的社会工作者进行奖励时可以考虑授予一种荣誉感强的"头衔""称号"等，并将这种荣誉感与社会工作的专业性挂钩，提倡其他社会工作者向他们学习，学习其优异的品格素质、专业能力、实务技能等。用荣誉感、学习培训机会等方式作为绩效管理奖励是非常适合的，既可以解决奖金经费困难的问题，也更符合社会工作者的需求。

（七）绩效管理改进

社工站可采用"PDCA 循环"[①]的管理手段改进绩效管理，其中改进就是处理（Act）的过程。社工站要善于利用绩效评估的结果。比如，依据绩效评估结果，为社会工作者提供适当的培训。目前，很多培训都是偏向技能方面的，但每一名社会工作者的实际所需是不一样的，需根据社会工作者的绩效评估结果，从其弱项出发提供合适的培训。

六、怎样帮助站内人员做好职业规划

职业生涯规划设计的初衷是知己知彼，择优选择职业目标和路径，并用高效行动去达到职业目标。帮助站内人员做好职业规划体现的是社工站"以人为本"的人才理念，关注社会工作者的持续成长。对于社会工作者自身而言，做好职业规划，是对自身生命和时间的尊重和珍惜。社工站可以将职业规划作为培训课程之一，不断完善培训内容、丰富培训形式，协助站内人员作出合理明晰的职业规划，也可及时将绩效考核的结果反馈给站内人员，作为站内人员职业规划的依据。

个人职业规划的制订包含自我盘点、职业认知、职业定位、计划实施、评估调整等内容。

（一）自我盘点

包含社会工作者个人的家庭背景及成长背景、性格剖析、兴趣爱好、人生观和价值观、动力剖析、优势和劣势等。

（二）职业认知

包含专业认知，职业需要的剖析（沟通能力、组织能力、适应能力、公关能力），社会环境剖析，行业环境剖析，社工站环境剖析等。

（三）职业定位

运用 SWOT[②] 分析法，总结分析内部环境的优势因素和劣势因素、外

---

① PDCA 循环是全面质量管理的工作步骤，是将质量管理分为计划（Plan）、执行（Do）、检查（Check）、处理（Act）四个循环阶段。

② SWOT 分别代表的是优势（Strengths）、劣势（Weaknesses）、机会（Opportunities）、威胁（Threats）。

部环境的机会因素和威胁因素，具体可以分为两个方向：横向发展和纵向发展。横向发展要求跨领域涉猎相关的知识，综合相关要素再重新组合，从而可以带来创新的方案。纵向发展要求专注于一个领域，十年如一日地深耕下去。对于这个领域的所有知识点，应倒背如流，而且融会贯通。

（四）计划实施

计划实施分四个阶段，在职务目标、学历目标、能力目标、经济目标四方面逐渐发展。

1. 第一阶段

（1）职务目标：成为一线社会工作者。

（2）学历目标：社会工作专业本科毕业，获得学士学位。

（3）能力目标：能基本解决社区的一般性问题。

（4）经济目标：如年薪在 5 万元左右。

2. 第二阶段

（1）职务目标：成为一线社会工作者骨干。

（2）学历目标：获取社会工作者职业水平证书（初级），成为助理社会工作师。

（3）能力目标：能娴熟地完成本职工作。

（4）经济目标：如年薪在 8 万元左右。

3. 第三阶段

（1）学历目标：获取社会工作者职业水平证书（中级），成为社会工作师。

（2）经济目标：如年薪在 10 万元左右。

4. 第四阶段

（1）学历目标：获取社会工作者职业水平证书（高级），成为高级社会工作师。

（2）经济目标：如年薪在 15 万元以上。

（五）评估调整

职业生涯规划是一个动态的过程，需要依据实行结果的状况以及在实行过程中发生的变化进行实时的评估与调整。评估内容包含职业目标评估，职业路径评估，实施策略评估（就业、择业、创业）及其他因素评估。评估时间可选择半年一次，也可根据实际情况进行调整。

七、怎样维持站内人员关系

站内人员关系是以站内人员为中心，通过绩效管理、薪酬管理、督导培训等制度发挥作用。站内人员应合力营造良好的人员关系，为社工站的健康成长和持续发展提供有力保障。

（一）明确规章制度，明晰标准流程

规章制度必须通过民主程序制定，不能违反国家法律法规及其他相关规定，必须向劳动者公示。在制定、修改或者决定有关劳动者切身利益的制度，比如劳动报酬、工作时间、休息休假等规章制度时，应当经过讨论协商确定。站内各项财务报销流程、重大事项汇报流程、服务流程与标准应该明确并且公示，保证站内人员职责清晰、标准明晰，减少摩擦、提高效率。

（二）建立沟通机制，强化双向沟通

站内的沟通可分为入职前沟通、岗前培训沟通、试用期间沟通、转正沟通、离职沟通，以及非正式的沟通。

入职前沟通：由经验丰富的社会工作者作为入职引导人，介绍站内相关的沟通渠道、后勤保障设施等，帮助新员工尽快适应新的工作环境。

岗前培训沟通：对上岗前必须掌握的基本内容进行沟通培训，以掌握站内的基本情况、提高对社会工作的理解和认同、全面了解社工站管理制度、明确自己本职工作的岗位职责和工作考核标准、掌握本职工作的基本工作方法，从而比较顺利地开展工作。

试用期间沟通：为帮助新入职的社会工作者尽快度过"磨合期"，应尽量给他们创造一个合适、愉快的工作环境。新员工试用第一个月至少面谈 2 次（第一周结束时和第一个月结束时）；新员工试用第二、三个月每月至少面谈或电话沟通 1 次。除面谈、电话等沟通方式外，在每月的最后一周最好组织座谈会进行沟通。

转正沟通：根据新员工试用期的表现，结合绩效管理制度进行转正考

核，在转正申请表上作出客观评价。

离职沟通：进行两次沟通。第一次，得到员工离职信息时或作出辞退员工决定时；第二次，员工离职手续办理完成准备离开的最后一天。对于主动离职的员工，通过离职面谈了解员工离职的真实原因以便改进管理；对于被动离职的员工，通过离职面谈提供职业发展建议，不让他们带着怨气走。

非正式的沟通：在重大联欢性活动时进行非正式的访谈，重点是骨干的访谈，内容包括员工现阶段工作、生活方面遇到的困难、压力、心理负担等。

（三）创建积极氛围，维护正面形象

由专门的1~2人共同组建团队活动小组，如运动组、歌唱组等，负责组织各种活动，目的是增强各个社工站之间的联系，创建健康向上的工作氛围，引导积极合作的团队精神。小型活动（如篮球赛、歌唱比赛等）每季度一次；中型活动（如聚餐、团队建设等）每半年一次；大型活动（如年会、员工拓展活动等）每年一次。重要节假日，如中秋、春节等，给予外派员工以及核心员工适当的慰问与祝福，让员工心有所系。员工生日，由行政部门发放祝福卡片，举行生日会进行庆祝。

（四）加强冲突管理，构建和谐环境

通过正式及非正式渠道，及时了解员工想法，面对真正的问题，明确目标和意义。如有不满意的方面，可考虑优化方案，积极疏导情绪，和谐解决。对于谣言要及时了解内容，视情况予以相应的处理与告知。对于怠工问题要了解原因、实际的情况，及时沟通，跟进处理。

第三节　社工站队伍建设

加强社工站队伍建设是社工站的发展之本。参与社工站建设的社会工作者也存在不同层次的需求需要得到满足，他们希望通过自己的专业服务得到应有的职业认可，希望自身的职业发展有一个明晰的前景。社工站队伍的专业能力、团队建设和文化建设既是社工站整体队伍建设的重要环节，也是推动社工站社会工作者有自信、有能力组成一支高质量的社会工作人才队伍的重要基础和保障。

一、怎样提升队伍专业能力

（一）组成专家智库

链接高校资源，聘请社会工作专家组成专业智库，指导社工站的督导培训、需求调查研究、服务经验提炼等环节，以"定期座谈+督导"的形式提供实务、理论的指导及帮助。

（二）储备专业力量

打造社会工作交流中心、大学生研学实践基地等多个社会工作平台，吸引社会工作领域专家学者建言献策，接收社会工作专业学生实习研学，提供更全面、更专业、更优化的社会工作支撑。积极对接周边高校，建立专业社会工作人才实训基地，为储备优秀社会工作人才，促进社区工作者在社会工作价值理念、工作方法、服务能力等方面的专业提升提供重要保障。

（三）培养本地力量

培育本地社会工作者和本地志愿者，充分发挥专业社会工作者的突出优势。本地社会工作者长期生活在服务场域，对当地的历史文化和社会环境了然于心，拥有广泛的关系网络和高度的熟人信任，与需求服务、活动组织存在天然的契合性。社工站应积极推行社区社会工作者在岗培训，开展社会工作者继续教育，特别是对没有取得社会工作职业证书的人员开展免费培训，对已取得证书人员开展实务操作深入培训，实现持证与实际工作能力相匹配。要运用专业方法进行本地志愿者的挖掘、培训工作，可采用协同服务、专题培训、定期团建的方式为他们赋能，由受助者变为助人者。

二、怎样开展团队建设

(一) 需要有凝聚力的团队带头人

一个团队中有各种性格、各种特点的人，一个团队的形成也不是由每个人自由选择的，一个有凝聚力的团队带头人至关重要。他需要有知人善任、分辨优缺点、处理关系的各项能力，充分发挥团队每一个成员的特长，最大限度实现团队资源的优化，以保证整个团队和谐良性运行。

(二) 形成团队一致目标

团队目标是团队努力的方向，有了目标团队才有存在的价值和意义。每个团队的组建都是为了完成一定的目标或使命。一个团队如果目标一致，且每一个人都对团队目标明晰，那么这个团队就会拧成一股绳去攻克各种困难，就会产生一种互相合作、互相交流的和谐氛围。团队目标要和社工站的战略目标相一致，通过团队集体讨论求同存异，形成一个成员认可的、可为之努力的目标。这样才能形成团队一致的心灵契约，获得成员对大家的共同目标的真实承诺。有了对大家的共同目标达成一致的承诺，不需要命令、监督，成员会用自己的执行力去行动，这是团队取得成功的关键。

(三) 制定团队成员标准

一个优秀的团队并不是要求所有的人都是最强的，而是要求团队成员能实现优势互补。比如，一个项目的团队需要策划、执行、宣传各个方面的人才，而不是要求每一名成员都是全能型人才，重在相互之间通力合作。团队成员必须认同团队价值观，并且具有主观能动性，否则很容易引起团队冲突，从而影响工作效率。

(四) 制定团队规范，建立团队文化

团队规范是团队成员认可并普遍接受的规章和行为模式，如岗位职责、权力的界定，团队成员沟通、交流方式的确立等。合理有效的团队规范可以提高团队的自我管理、自我控制能力，激发团队每个成员的主动性、积极性和创造性，不断增强团队凝聚力。团队文化建设也有助于团队

凝聚力的增强，当所有成员共同遵循一种团队文化时，团队的向心力也能获得有效增强。

（五）建立顺畅的团队沟通渠道

首先，带头人应尽量多地与每一个团队成员沟通，了解其想法，收集有用的信息，运用自己的沟通能力解决组织可能出现的内部矛盾与纠纷，保持团队良好的合作氛围。其次，团队成员之间要积极主动地进行沟通，对任务有不明确的地方应该及时提出，有更好的建议也应该提出来讨论，集思广益才能达到更好的效果。团队成员之间的沟通与交流可以增强团队凝聚力，在团队内部应保证有足够的沟通时间、适宜的沟通空间、有效的沟通渠道和良好的沟通氛围。

（六）制定团队激励措施

在现代企业人力资源管理中，充分利用各种有限的可能的条件激励员工，可以促使每一个员工自发地、最大限度地发挥自己的聪明才智与潜在能力。在团队建设中，可以设置团队激励方式，将每一个员工的绩效加成与团队的工作成果结合，这样员工就会为了团队的效益共同努力，从而使利益达到最大化。团队激励制度的建立，可以提高成员的参与感和归属感，使他们保持充足的动力和高昂的士气，增强他们的群体意识，使团队更有向心力。

（七）推进工作合理化和工作丰富化

工作合理化就是通过科学测定确定合理的工作负荷，避免员工因负担过重或过于轻松而失去对工作的兴趣；工作丰富化就是在单调的工作中增加一点情趣，激发员工的积极性和责任感，如美化工作名称、适当增加决策性内容、定期轮换具有相同工作特征的职位等。这样，在一个团队中，员工就不会经常由于工作配置的不合理而感觉压力很大，也不会由于一直做重复的工作而觉得无聊。同时，在轮换工作的过程中，还可以促进员工之间的交流与合作。

（八）开展团建活动

开展一些积极的团队竞赛活动，通过参与竞争来增强团队凝聚力。比如，举行一些团队拓展培训，使成员在活动中体会团队的重要性，从而增强团队的凝聚力和向心力。

三、怎样进行队伍的文化建设

当社工站发展到一定的程度，必然会产生文化沉淀，大到社工站的运营，小到社会工作者的思考和行为，都是一个社工站的文化内容。这些内容融合在一起，就会形成一个固有的具有该社工站独有特点的文化形态，对内凝聚着力量，对外展示着姿态。它体现着一个社工站的综合实力，体现着社工站的文明程度。它能更好地树立品牌形象，推动社工站持续发展。

（一）文化建设的基本内容

依据企业文化的四个层面，可以在物质层、行为层、制度层和核心层精神文化四个方面进行社工站文化建设。

物质层：这是一种以物质形态表现的表层文化，如标识、服装、刊物等。

行为层：是指社会工作者在服务过程中的行为规范。

制度层：制度文化是规范社工站工作人员自身行为的文化，对工作人员具有约束性和规范性。它规范社工站的每一个人，包括运营管理制度、人事制度、项目管理制度、档案管理制度等在内的一切规章制度都是制度文化的内容。制度文化是行为文化得以贯彻的保证。

核心层精神文化：是指社工站在运营管理过程中，在一定背景、意识形态长期影响下形成的一种精神成果和文化观念，是文化建设体系的灵魂和精髓。

（二）文化体系建设的步骤

文化建设是一个漫长的过程，我们首先需要把一种适合社工站的理念、价值观和精神提炼出来，然后把它们渗入每一名社会工作者心中。这不仅仅是喊出几句响亮的口号，或者印刷出多么漂亮的手册、内刊，或者花多少钱组织一次活动就能做到的，而是全方位的渗透，从各个角度、各个感官让每个员工从茫然到明了、从犹豫到坚定的过程。

这一过程不能操之过急，但也不能放任自流。文化需要沉淀，要在对大家逐步引导、渐渐完善中寻找一条适合社工站的建设之路。

1. 初期准备阶段

（1）宣传培训，使社工站文化深入每个员工的心中。

①组建社工站文化建设机构。

②起草《社工站管理手册》。

③组织员工进行文化知识培训和学习。

…………

（2）提炼核心层精神文化的内容。

①社工站宗旨。

②核心价值观。

③社工站愿景。

④社工站使命。

⑤社工站口号。

…………

（3）完成社工站文化建设体系的各项详细策划、设计、筹备等工作。

2. 全面实施阶段

（1）创建、丰富社工站文化载体。

①社工站内部刊物，形式不限。

②社工之歌。

③社工站网站。

④社工站宣传片、各类纪录片、大事记。

⑤宣传栏、宣传海报、横幅等。

⑥《社工站管理手册》人手一本。

（2）规范制度文化。

①完善程序文件，严格执行。

②规范各项制度、流程、行为准则等。

③明晰组织架构。

（3）导入 MI、BI、VI 等企业文化识别系统。

①MI 理念识别：将提炼出的社工站精神文化理念转化为社会工作者的精神文化理念，可通过培训、督导、团建等各种场合进行灌输。

②BI 行为识别：将社工站所完善和规范的制度内化于心、外化于行，社会工作者在各种外展服务活动中的言行都展示形象并塑造品牌。

③VI 视觉识别：围绕核心精神文化打造社工站形象，包括社工站的LOGO、各类标识、标准字、服装等一切视觉形象，其中标识、标准字、标准色是整个 VI 系统的核心。

（4）开展各类文化活动。

①内部活动如晚会、联谊会、生日会、运动型活动、比赛型活动、知识类竞赛、旅游、聚餐、特别节日活动等。

②外部活动如宣传活动、外展活动等。

3. 完善阶段

（1）完善培训系统。

①以时间为节点，纵向规划培训。从员工入职、转正、专业技能、年度培训等方面规划。

②以职位为界点，横向规划培训。根据一线社会工作者、站长、管理人员、督导人员分门别类开展培训。

③适当开展室外拓展培训。

④培养内部讲师，储备讲师等人才。

（2）完善薪酬福利系统。

①建立薪酬制度，以不同的岗位按岗定薪，以不同的级别按级定薪，以不同的工作年限按龄定薪（龄是指工龄）。

②逐步完善生日、生育、结婚红包、生病慰问等各项津贴，节日物质补贴，住宿、保险、体检、娱乐休闲设施、图书等物质型福利。

（3）完善员工关系。

①组织开展座谈讨论会，增强员工、部门间的交流。

②针对员工工作及生活中的问题给予帮助。

③设立社工站意见征集日，收集意见，加强改善，提升管理。

（三）文化体系建设需注意的问题

一是社工站的文化建设与每一个人息息相关，需要每个人的积极配合，建言献策，总结经验，融合理念。

二是文化建设要根据社工站的实际情况进行，不可生搬硬套，不可搞形式主义。

三是文化建设是根据社工站的发展不断变化的，需要不断完善和沉淀，不可追求一蹴而就，不可只听一家之言。

第2章

社工站服务运作与管理

社会工作作为一种专业和职业，已经逐渐渗入社会公共事务中，在社会治理中的功能和优势也更加明显。乡镇（街道）社工站作为新时代基层社会工作服务的平台，是与乡村振兴有效衔接的重要载体，可以帮助解决基层服务力量和能力不足的问题，是打通为民服务"最后一米"的有效路径。社工站主要采用项目化、综合化服务的运作形式，通过专业的工作方法，向社区（农村）困难群体和广大居（村）民提供服务，服务内容包括帮助服务对象心理疏导、社区融入、能力提升、解决问题等。本章就社工站具体应开展哪些服务、如何开展服务、如何提高服务质量等具体内容的管理运作进行论述。

第一节　社工站服务内容

社工站的服务可从直接服务和间接服务两个方面开展。直接服务是以社会工作的专业服务解决区域内社会服务的专业化问题，间接服务则是改善社会工作的服务环境。社工站的工作就是提高当地社会工作服务水平，通过直接和间接相结合的方式，不断探索社工站服务的体系和模式，进而促进各地社工站的建设发展。

知识链接 ··

社会工作服务方法

按照社会工作者与服务对象的接触程度，社会工作服务方法可分为直接服务方法和间接服务方法。

直接服务方法是社会工作者直接面对服务对象开展服务，包括个案工作、小组工作和社区工作。在服务过程中，需要在与服务对象面对面的互动中运用专业技术。

间接服务方法包括社会工作行政、社会工作研究和社会政策。社会工作者并不直接面对服务对象开展服务。

一、社工站有哪些基本服务内容

社工站作为政府购买的社会服务的项目主体，是社会工作专业服务的重要平台，也是推进社会工作介入基层治理、促进社会工作人才培育和行业发展的重要途径。社工站的基本服务内容应该包括以下几方面。

第一，协调"五社联动"。社工站作为所在地区的综合服务平台，应立足民生需求，链接专业资源统筹推进社会工作的专业发展，创新社区与社会组织、社会工作者、社区志愿者、社会慈善资源的联动机制，运用专业的技术与方法推动"五社联动"形成合力，夯实社工站在基层治理中发挥的坚实作用。

案例分享 ·······

Z 村慈善公益节

Y 组织在 W 镇 Z 村已经开展了 5 年多的农村社会工作。Y 组织进驻村庄后，依据村庄需求制订服务实施方案，主张以村庄力量解决村庄问题，充分发挥"五社联动"作用，融入慈善元素。

Y 组织社工与 Z 村村"两委"共同策划于 2017 年 12 月 16 日举办 Z 村第一届慈善公益节，捐款范围由本村村民扩大至关注 Z 村发展的"新村民"和其他各界人士。同时，成立由社会工作者、村委会和村民代表共同组成的"Z 村慈善爱心基金管理委员会"。"Z 村慈善公益节"缘起 2013 年的 Z 爱心救助基金，爱心救助基金最初由村书记个人捐赠的 10 万元和村"两委"及社会爱心人士共同捐助的 10 万元组成。

"Z 村慈善公益节"于每年 12 月中旬举行，旨在通过爱心救助，减少村民因大病重病带来的贫困问题和社会排斥。Y 组织社会工作者在活动举行时向全体村民和各界人士汇报善款的使用情况，透明化基金运作以便社会监督。Z 村社工站携手村"两委"持续运用专业社会工作方法助力开展慈善公益节。截至 2021 年底，全村 822 人次参与，共筹得资金 21 万余元，共进行过 55 次大病救助，解决了村民"急难愁盼"问题。

2020 年 9 月 1 日，W 镇 Z 村村委会与中国金谷国际信托有限责任公司进行签约，成为全国首单群众性互助慈善信托服务。这一品牌节日增强了 Z 村村民的公益慈善观念和村庄归属感，营造了"我为人人，人人为我"的互助氛围，以志愿和奉献精神为村民编织出新的支持网络。

通过上述案例，可以发现社会工作者、社区、社会组织、社会志愿者与社区慈善资源的协调联动，探索形成了"五社联动"下农村社会治理的新格局。

第二，赋能基层治理。社工站在搭建起专业性较强的服务阵地的同时，以此拓展服务空间，分批次分级别赋能基层服务工作者，如服务技能、项目运作与管理、资源整合等，培育区域内生力量，激发基层治理活力。

第三，孵化组织，培育人才。在当地社区孵化并组建由居（村）民组成的社区自组织，培育其中的骨干力量，通过自组织的自我管理、自我服务的持续性运行，推动社区自组织的优化和人才队伍的壮大，加强社会工作人才培养，夯实困难群众救助、儿童关爱、养老服务、社区治理等方面的服务基础，促进社工站的良性运转。

第四，社会工作专业服务。社会工作正因其专业化特征而显现出专业优势，社工站需要明确哪些是基层职能部门做不了，但社工站却能够提供专业服务予以满足的部分。通过收集、分析群众诉求，为社区提供专业支持，利用专业知识和技能为服务对象开展资源链接、困难纾解、关系调适、精神抚慰等服务，提高资源整合的力度、帮扶的深度、服务的精准度，建立协同服务机制，打造品牌化服务内容。主要内容可以分为以下几类。

一是统筹社区照顾，增进民生福祉。主要包括为社会救助人员、老年人、儿童、妇女、残疾人、优抚对象等提供的服务，以及社区矫正和社区戒毒服务等。

二是协同城乡社区治理，创新社区治理现代化实践，以扩大社区参与、促进社区融合、推动社区发展为主要目标。

三是参与突发事件应急响应和服务，包括但不限于疫情防控的社会动员与服务、社区防灾减灾等。

二、怎样开展社区照顾服务

社区照顾是通过运用社区的各种正式与非正式资源，尽量做到使需要照顾的人士能够继续留在社区或他们原来熟悉的生活环境下维持独立的生活，不需要改变其正常的生活习惯，而同时又能获得必要的照顾，从而避免不必要的住院或隔离。社区照顾不只是简单地去院舍化，或者用非正式的服务来填补需求缺口，而是希望重新确立社区在照顾有需要人士中的地位，发扬社区互助精神，建设互助友爱的社群生活。

知识链接

社区照顾的四个特点

1. 协助服务对象正常地融入社区；　　2. 强调社区责任；

3. 强调非正式的作用；　　4. 提倡建立关怀的社区。

社区照顾服务的主要实施策略有三种：在社区照顾、由社区照顾、对社区照顾（正式和非正式照顾的结合）。以下内容将阐述社工站如何通过专业服务的开展，更好地为服务对象提供社区照顾服务。

社工站开展社区照顾服务应因地制宜、因时制宜，服务人群应主要面对社区（村庄）中的失独、失能、失智、高龄等老年群体以及其他有需要的居（村）民。无论实施哪种策略的社区照顾，社工站都需要进行事先的摸底排查，了解社区的类型、人口构成情况、生活水平、组织情况、社区资源、村情民意等，通过对社区的初步调研和需求分析，进而确定在该社区开展社区服务的侧重点和落脚点。

社工站建设最初是由民政部门进行统一管理，但社工站的专业人员构成仍是采用项目制进行服务管理，因而社工站在进入社区时，应尽可能与当地社区的居（村）委会建立关系，以获得最大化支持。首先，社工站应向建站街镇或社区居（村）委会进行"报到"，了解社区当年重点工作计划，尤其是在社区照顾层面的工作计划；同时让社区对社工站的服务项目也有全面的了解，以建立合作关系。其次，与社区建立例行沟通机制，及时汇报服务实施进度与出现的困难。最后，明确社工站的功能与定位，以获得服务实践专业发展空间。

（一）在社区照顾

在社区照顾是以正式服务资源为基础，让需要照顾者在社区照顾中心或家庭接受照顾和服务。这种照顾模式更多的是依赖政府或专业的服务机构以及专职的护理照顾人员，如社区中的照料中心、养老服务中心等。该类机构更多是由政府相关部门，或者具有专业服务资质的社会机构进行管理，并且为服务对象提供服务的人员也是专职人员。其他非正式资源则是作为补充性服务力量。在这种模式下，社工站可以进行辅助性服务，如果社区内没有相应的专职服务机构，可以根据社区的实际需求，整合社会资源，引入专业服务机构，并设置相应的服务区，如照料休息区、知识学习区、文娱互动区、心理放松室、健康锻炼区等不同的功能场地，完善基础设施配备，满足社区需求。社工站可以在这一过程中，和社区居委会、社区服务机构共同探索实施"社区+社会组织+社会工作者"循环互动的社区居家养老服务模式，开展丰富的服务，如养生生活、兴趣学习、生活照料、精神慰藉等服务。

（二）由社区照顾

由社区照顾是指强调动员、组织社区内非正式的资源对需要照顾者进行照顾，以家庭、社区等非正式场合为实施照顾的场所，由非正式服务部门承担主要照顾责任，而相应的政府等专业服务机构则作为补充性存在。社区照顾理念本就与我国传统的文化观念相契合，这也就为社区照顾的开展提供了一定的文化基础。社工站可以从政策支持、同辈群体、社区志愿者组织等方面入手，以社区为主要照顾场所，强化社区照顾服务对象的社会支持网络，进而达到由社区照顾的目的。

在构建同辈群体的情感支持方面，社会工作者可主要以生活不丰富、朋友不多的服务群体为主，在社区中经常开展互助活动，让社区照顾的服务群体通过共同活动打破隔阂进行交流，丰富其日常生活。

在发展社区志愿者组织，建立群体之间的多元联系机制方面，社会工作者可以发掘社区内不同类型的志同道合的积极分子，将这部分积极分子发展为社区志愿者组织，组织同辈群体定期为一些留守或者高龄老人以及其他服务群体提供上门服务，为他们提供精神安慰、生活照料等支持。由于志愿者与被照顾的服务群体的年龄相仿，共同语言比较多，因此更能完善他们的社交网络，能够从情感上予以支持。志愿者组织可以为发展社区照顾搭建平台、链接资源，充分调动社区居民参与非正式照顾，最大限度地利用社区的闲置资源为服务群体提供既方便灵活又费用低廉的服务。社工站在挖掘志愿者组织时，除社区内的力量外，也可以寻找政府、社会各界的力量，如爱心慈善资源等来参与发展社区照顾，同时确定志愿者运行管理的相关制度，确保组织的良性持续运行。

三、怎样服务于社区治理

当前的社区治理强调的不再是过去的政府和村（居）委会的管理模式，而是多元主体合力共治共建的治理模式，强调社区多元主体之间应协调配合，发挥各自优势，实现互联互通，在既定的规则下有效运行，合力提升社区服务质量。同时，社区治理输出的社区服务是多样化的，以实现社区发展的各项目标，包括政治的民主协商、友好和谐的社区氛围、环境优美的生态环境等。

（一）"五社联动"助推基层治理

"五社"即指社区、社会组织、社会工作者、社区志愿者、社会慈善资源，它是以提升基层治理能力、打造"共建共治共享"的社会治理共同体为目标的。

社区作为基层治理的场域，也是居民共同生活的集合体，包含空间和时间上的双重意义。在社区场域内的居民会产生归属感和认同感。社工站在社区内提供服务，需要进行充分的信息沟通，并将掌握的社区资源进行协调，在社区层面"总揽大局"。从"五社联动"层面推进社区治理，社工站的主要工作如下。

首先，社工站可以从村（居）委会等管理人员的自治能力、公信力等角度入手，与村（居）委会工作人员建立良好的关系，努力从单向沟通转变为双向沟通，强化工作人员的自治意识，使工作人员认识到治理过程中村（居）民的主体地位，通过合办益民活动，提升村（居）民对村（居）委会的认可度，重塑村（居）委会的形象和公信力。

其次，培育社区社会组织，推动群众共同参与社区治理。根据社区的实际发展需要，协助居民组织建立各种兴趣类、文化类、志愿服务类等社区社会组织，社会工作者在社区活动过程中挖掘参与热情较高，且有一定号召力的居民担任组织负责人。在日常活动中，如在与村"两委"沟通中、社区事务协商中为他们提供充分的锻炼机会，提升他们的组织能力、学习能力、沟通能力、资源链接能力等，进而提升组织参与社区治理的能力。

再次，培育社区志愿者，培养志愿精神，以志愿者的服务者身份参与社区治理。在社区活动中抓住一切机会宣传志愿精神、招募积极分子，在志愿小队初见雏形之后，社会工作者通过志愿者培训，让志愿者了解志愿服务的内容和意义，激励志愿者参与社区服务；不断优化志愿服务管理，形成招募—服务—统计—表彰的完整管理流程；建立激励机制，鼓励志愿者参与社区环境美化、社区公益活动、社区反诈等热点宣传，发挥志愿者的积极作用，在社区中营造良好的志愿服务氛围。

最后，调动并利用社区内外的慈善资源，为社区治理提供新的发展保障和格局。社会工作者和社区应根据社区所需联合行动，设计社区治理和服务项目，筹措或引导资源投入。在社区内容资源上，如社区周边的商铺、大型活动主办方等，吸引他们加入，进行资金筹集。在社区外部资源方面，社会工作者积极与各级社会团体合作，主动研发服务项目申请各级慈善会、基金会的资金资助。在引入慈善资源后，发动社区社会组织和志愿者参与社区治理及社区服务，形成社区"两委"引入资源或社会工作者开发社会慈善资源的社区治理模式。

（二）协商共治推动社区治理

协助基层群众强化民主理念，辅助搭建社区民主协商议事平台共商共议、群策群力，逐步形成合理表达诉求的民情民意反映机制，推动社区治理发展。协商共治强调多元、平等、协商、共赢，通过多主体参与，打破信息获取的不对等、决策过程中的话语失重困境，给每个主体提供平等参与的机会，通过有效的协商机制，进行沟通、协商、整合，协调各种利益诉求，使冲突矛盾最小化，达到个人利益与集体利益的综合平衡，最后达成共识，形成多方共赢的局面。社会工作者可以挖掘传统议事的长处，结合现代议事的优点，不断完善协商议事的规则体系，引导社区群众掌握协商的基本规则、说话的技能技巧和达成共识的艺术，同时吸纳并运用新技术和新媒介，以更加生动的方式，进行以线上协商和线下多维度治理为特色的协商共治模式。

根据社区结构，可以组建正式平台和非正式平台，以重大事项和重点难点问题的线下正式协商为基础，带动小微议题的线上常态化高效协商和决策。在社区重大事项议事过程中，邀请社区"两委"代表参与议事活动，基于社区建设发展和居民关切的重点与热点等，如"社区关怀、社区环境、社区共融、文娱康乐"等议题，与居民一起讨论，提出协商的议题推进民主协商和共同决策，通过由小到大、从易到难的具体实践，增强各方主体参与意识和协商能力；引导聚焦主要议题，探索居民的需求与问题，以现有的社区社会组织为依托设计相应的社区服务方案，持续追踪并总结协商实践，与参与者共同研究修正，使社区协商能够高效运行，取得更多成果，以推进社区治理。

四、怎样服务于突发事件和防灾减灾

社工站参与突发事件和防灾减灾的服务工作，应包含事前的日常工作保障和应急预案、事发时的应急处置和专业服务、事发后的恢复治理三个阶段。

（一）日常工作保障和应急预案

1. 日常工作保障

社区应急文化最关键的内容就是形成良性意识和价值观，因此在日常工作生活中，要不断强化社区教育引导。社工站可以在以下三方面做好日常工作保障：一是通过有意识、有计划的教育培训活动，如开展防灾减灾宣传教育活动、灾害自救社区演练体验活动等，将应急避难场所、应急文化宣传栏、公共场所应急通道、应急救援绳索和电话等融入活动之中，通过宣传教育活动让社区群众提高灾害防范意识和应急自救能力。二是鼓励社区自组织成立巡查小分队，参与协助社区防灾减灾设施日常维护、管理，发现问题及时报告，做到有备无患。三是在应急培训中不断拓宽应急知识体系，结合社区实际情况，将突发事件应急理论知识和应急救援实操相结合，让群众在实际操作中学会应急知识，掌握应急技能，增强突发事件应急处置能力。

2. 应急预案

社区作为基层治理的"最后一公里"，在应对突发应急事件中发挥着至关重要的作用。在日常生活中，突发事件的诱因是不断变化的，具有不确定性、未知性，因此应急预案一定要与时俱进，要根据具体情况不断丰富应急预案内容，将有可能发生的各类突发事件提前预测到位，并编制种类齐全、内容丰富的突发事件应急管理预案，保证应急预案的时效性和可实施性。科学合理地制订应急预案需要结合实际和行业专家给出相应的指导意见，社工站可以联系相应的专家学者，如卫生和流行病专家以及防震减灾专家等，指导制订出符合社区实际的应急预案。应急预案制订完成后，应鼓励社区工作人员将应急处置操作流程、应急资源分布图、责任分工、应急措施和责任单位或者个人向群众公示公告，增加预案编制的透明

度，方便群众知晓。社会工作者可引导群众提出更好的意见建议，使群众也参与应急预案制订过程，增强基层应急预案的可操作性。

（二）应急处置和专业服务

1. 心理疏导

在突发事件和灾害事件中，由于危害具有不确定性，多数居民处于隔离、恐慌、伤痛的状态，生活、事业、学业都会受到相应的影响而造成停摆，甚至在灾难中的群众还会受到身体和心理的双重打击，同时一线工作人员的心理状态也会受到影响，生活方式的巨大改变会导致很大一部分人群产生焦虑、抑郁、厌世的情绪，作为专业社会工作者，开展心理援助工作势在必行。社工站社会工作者应该充分运用自己的专业优势，可以通过搭建线上心理辅导平台，提供心理援助热线，多方面了解群众需求，并与专业的心理咨询师取得联系，帮助有需要的群众寻求援助，缓解多方压力，减少恐慌、增强信心，也可以找到社区中日常比较活跃、有威信的个体，辅助进行良好信息的传递，建立高效良好的互动帮扶机制；协助一线工作人员与群众建立相互信任的关系，协助工作人员增强自我使命感、责任感，认同自己的价值，提供专业化、人性化、精细化的服务，做好各类人群的心理服务疏导与心理支持工作，营造理性平和、乐观安全的社会氛围。

2. 政策宣讲，信息传递

以定时定向的方式向社区群众宣传告知正向的、权威性的消息，如相关防灾防护的知识、国家政策解读等，保证正确的舆论导向，引导居民正向关注事态发展。

3. 资源统筹，凝聚人力、物力

资源的统筹管理并非一蹴而就，这要求社工站社会工作者在日常服务中就要对辖区内企业、医疗、物资、人力等多方资源的信息作细致调整，至少要清楚可筹集资源的类别。在有需要时，进行资源合理合法再分配，保障防灾和应急工作的顺利开展。社会工作者可以发动群众，招募社区志愿者，参与应急工作，还可以帮助社区群众认识社区问题；与社区"两委"积极互动，针对社区内特殊困难群体进行入户探访、需求登记和爱心物资捐赠，采用"线上+线下"结合的形式，发动各个社区社会组织骨干成员参与社区应急工作；针对社区的服务和物资需求，社会工作者要努力做好多方协调，衔接好社区资源链，为社区应急工作提供坚强保障，并且协助构建长期稳定的资源统筹共享平台，从根源上解决问题。

4. 基层服务力量补充

在突发事件的应急管理中，社会工作者作为一线工作人员，可以提供一定的力量，实地参与帮扶救援工作。他们在日常工作中，实际接触社区群众，因而更了解群众所需，并且也能够协助政府参与居民权益倡导、居民困难解决。突发事件的救援工作具有较强的专业性，虽然社会工作者在一线工作中的能力有限，但可以有效减轻一线工作的压力，巩固治理成效。比如，社会工作者在社区志愿者队伍建设方面具有明显优势，可以协助社区对社区带头人进行发掘和培育，并给予其专业的知识与工作技巧的指导，促进建立社区志愿者团队，加入社区应急救援工作中进行辅助。这不仅能够充分发挥模范带头作用，提升居民安全意识，减轻居民心理压力，促进社区整体和谐，也能够在一定程度上减轻社区应急治理和一线工作人员的压力。

（三）恢复治理

在突发事件后，随着事件得到有效控制，社工站也需要帮助社区群众逐渐从应急阶段过渡到常规阶段。一是恢复社会支持网络。社会工作者不仅可以依靠专业技巧提供有效服务，还可以帮助服务对象获取更多的物质帮助，尽快恢复社会生产生活。二是重建心理支持网络。突发事件的出现让居民都或多或少地存在一定的恐惧心理，也打破了原有的社交关系网络，让人产生焦虑、孤独等负面情绪。社会工作者应该及时为服务对象链接医疗卫生和心理资源，联系当地医务人员和心理服务人员，注重服务对象心理压力释放，努力进行心理恢复重构工作，促进服务对象进行适当的社交活动，拓展人际关系，让服务对象重新融入社区生活。

五、怎样开展社区社会组织培育服务

社区是社会治理的最基层单元，而社区社会组织则是促进社区建设的重要力量。培育社区社会组织是基层社会治理的需要，可以帮助居民建立社区认同，为基层社会治理提供支持。社工站培育社区社会组织可以分为三个步骤：一是筹划成立，二是组织培育，三是组织提升与管理。

（一）筹划成立

1. 社区调研

社会工作者开展工作是以需求为导向的，只有在充分调研的基础上，才能发掘社区的真实需求。由此，社会工作者也才能根据需求制订社工站服务计划。任何社区的需求都可以概括为个性化需求和整体需求，社会工作者可以针对某些共性的社区需求确定社区社会组织的类型。

社工站在进驻社区时，需与社区"两委"主要工作人员进行沟通，了解社区内的环境和现有资源，并针对社区开展社区社会组织培育工作进行初步沟通和框架确定。在后续的社区实地走访过程中，要充分了解社区环境，如舞蹈室、运动场地、咨询室等各种功能性用地，加深对环境的了解，可以在以后培育相关的社区社会组织时充分利用这些现有的场所。

2. 确定方案，招募成员

社会工作者在调研之后，形成社区的需求调研报告，依需制订社区社会组织的培育方案，并就制订的方案与社区主要负责人共同协商讨论，确定社区社会组织的框架以及最终的实施方案。社会工作者可以通过线下宣传、线上微信群宣传和举办服务活动等方式，招募社区社会组织成员，尤其是社区带头人的挖掘。

（二）组织培育

1. 培育组织带头人

组织形成后，可以发动全员积极参与社区活动，为培育社区社会组织构筑文化基础和人力基础。根据组织性质的不同，如公益慈善类、生活服务类、促进参与类、文体活动类、教育培训类等，可以举办不同的社区服务活动，发掘培育组织带头人的能力，开展组织建设工作。在此过程当中，要吸引更多的社区成员加入组织，壮大组织队伍。同时，在服务活动中，要有意识地培养社区带头人，使他们具备独立管理、独立运营和社区参与的能力，并协助他们逐步建立起组织的自律标准和自我管理规范，协助初步成型的组织逐步正常化、周期性运作，逐渐步入正轨。

2. 加强组织内部规范管理

社会工作者帮助社区社会组织逐步建立规范的自我管理机制、自我发展机制，完善组织管理制度，约束社区社会组织内部成员的行为，维护社区社会组织自身活动的有效性，根据特点分类备案，促进社区社会组织的规范发展。同时，对于经费的管理，应该有相应的财务监督管理制度，要强化自我评估意识和机制，不断扩大自身实力，树立社会形象，促进社会影响。

（三）组织提升与管理

1. 定期培训与交流

针对各个社区社会组织所缺乏的能力和运营过程中所面临的困难，开展有针对性的培训，提升骨干成员在活动策划、活动统筹、财务管理、资源链接等方面的能力，并开展团队建设活动，提升社会组织对社区的归属感和认同感。定期开展各个组织骨干成员交流会，如每月召开一次联席会议，邀请各社区社会组织的负责人、居民代表以及社区居委会成员共同参加。会上总结问题，提出自己遇到的困难，并且一起商讨解决的方法。

2. 考核评估，总结经验

首先，定期针对社区社会组织开展的服务进行评估，在肯定社区社会组织成果的同时，推动各个社区社会组织总结已有的经验，并将已有的经验延续下去，实现社区社会组织活动反哺社区。其次，每年根据参与情况，对个人或者组织授予荣誉称号，提升组织成员的归属感，激励居民参与公益服务，增强社区社会组织活力。最后，开展项目成果展示，营造社区公益服务参与氛围。引导社区社会组织加强品牌建设，提高品牌的社会知晓度，使得居民参与社区社会组织能够明确自己的价值所在，增强社区社会组织发展的规范性。

六、怎样链接社区内外资源

链接资源是社会工作者的一大亮点工作，对于乡镇（街道）社工站来说是服务中必不可少的一项内容。

（一）挖掘社区内部资源

社工站的建设和发展离不开社区。社会工作者在社区开展服务离不开对社区内部资源的挖掘和利用。

1. 社区人力资源

社区人力资源是指社区内居住的有劳动能力且有一定专长技能的人。社区群众的参与是社区建设的关键，因而社工站社会工作者要在挖掘社区人力资源上下功夫。社区工作人员是基层治理的重要参与者，在社区发展中起着不可忽视的作用。社区工作人员是最了解社区基本情况、资源、文化的人，不仅可以协助社会工作者进行社区物质资源的整合，还能提供社区最基础的人员信息，如社区志愿者、社区能人等，社会工作者可以动员他们参与社区活动。在社区长期任职的工作人员，在社区群众中有着一定的影响力和号召力，能够为社会工作者动员群众给予很大帮助。

2. 社区物质资源

物质资源是社区中最重要的资源之一，它为社区建设提供物质保障和资金支持。社区物质资源可以划分为社区资金和社区设施两大类，其中社区资金是社区的财力支撑，社区设施是社区的物质保障。社会工作者在社区中挖掘可使用的资金，以及可能获得的资金支持，有助于社工站的建设和后续服务的开展。社会工作者还可以将现有的社区资金盘活，吸引更多外部资金的支持。社区设施既包括社区居民的住房及公共配套设施，尤其是社区闲置的场地和设备，如社区运动场、早市、商业街、通信设施等，也包括教育、文化活动的基本设施，如小学、幼儿园、广场、公益机构的工作场所等。社会工作者利用现有物质资源开展多种社区活动和服务，可以缓解社区物质资源短缺与闲置的矛盾，丰富社区居民的精神文化生活，满足社区居民的需求，有利于推动社区的建设发展。

3. 社区文化资源

对文化资源进行整合，是实现物质层面资源整合的重要基础。社区文化是存在于整个社区之内的特定文化表现，包含社区居民所具有的行为规范、心理特点、价值观念、生产生活方式、风俗习惯、社交礼仪等。只有培养起社区居民对社区的认同感、归属感和社区意识，提高社区居民的参与能力，才能有效地整合和利用社区的各种资源，促进社区的自治管理，推进社区的发展。社会工作者除了开展文娱活动满足社区群众的文化需求，还能以社区活动或社区治理服务为契机，调动社区居民、社会组织共同参与社区事务，增强社区居民对社区的认同感和归属感。

4. 社区组织资源

社区组织资源的培育是以人力资源的调动为前提和基础的。社区内的发展离不开社区组织资源，不仅需要居委会等群众自治组织，还需要能够满足居民多样化需求的社区社会组织，比如社区居民自发形成的舞蹈队、合唱队等。社会工作者可以在发掘人力资源的基础上，将社区积极分子聚集起来，吸引更多居民参与，组成微群体，进而发展成为社区社会组织。这些自组织的成立、培育及运作在一定程度上能够覆盖社区各阶层居民，可以满足社区居民需求，丰富社区居民文化生活。

（二）链接社区外部资源

1. 政府资源

政府购买服务是社会工作者开展社区服务的主要资金来源。政府向社会组织购买公共服务是指政府将原来直接提供的公共服务事项，通过直接拨款或者公开招标的方式，交给有资质的社会服务机构来完成，最后根据择定或者中标者所提供的公共服务的数量和质量来交付费用。

2. 企业资源

对于企业而言，进行社区投资不仅是在承担社会责任，也是实现企业可持续发展的内在要求。开展社区公益活动，已经成为许多企业塑造企业品牌美誉度与企业形象的重要战略。社会工作者应引导企业着眼于社区治理，通过资助社区社会组织和社区志愿者并培育他们的服务能力，调动居民参与社区事务的积极性，建立和完善自下而上的社区自治、协商、参与机制。

3. 社会资源

社工机构的非营利性，使它们在业务服务上与很多公益性的社会组织进行合作，社工站的社会工作者要善用这些资源，如基金会、医疗机构等。社会工作者可以邀请他们为社区老年居民提供免费的身体检查服务，开展健康知识讲座，学习健康饮食、如何预防和管理老年慢性病等。

4. 高校资源

社工站社会工作者所在的社工机构与很多高校都有密切联系，能够调动高校社会工作专业的学生作为志愿者，参与项目的开展。高校拥有知识、技术、信息以及人才等方面的资源优势，社工机构则拥有在组建团队、规范服务、拓展项目、培训策划等方面的专业优势。资源的互补为高校的人才资源与社工机构的组织资源之间的有效链接和整合提供了可能。高校志愿者与社会工作者的联动，为项目的开展和社区的建设提供了更多专业性的人才，在一定程度上改变了社工机构人力不足的现状。

七、怎样与当地政府重点工作相衔接

社工站建设之初是由民政部门主推的，但它要能顺利和有力地推开，成为各个方面都欢迎和支持的常态化存在，不断得到更大更多的重视和保障，则需要在党和政府全局工作包括当下尤为重要的基层治理、乡村振兴中发挥重要作用，才能达到那样的局面。在"4+N"中，社会救助、养老为老、儿童关爱、社区治理是政府尤其是民政部门尤为重视的领域，而"N"作为其他可关注的区域，如退役军人、妇女、残疾人等同样属于民政关注的内容。对于社会工作者来讲，工作模式更多的是以需求为导向，帮助群众解决问题。但在政府引导建立社工站的背景下，现在多是更加精准地关注民政工作领域的困难群体，提供服务，解决问题。这一点没有和社会工作背道而驰，并且从一线社会工作者的角度来说，服务范围"更"清晰了。

社会工作服务究其根本还是要体现出社会工作的专业价值，将特定的价值伦理、理论知识和方法技巧三者有机贯通、有机结合在一起，以社会工作者的专业视角和技术手段，为社工站区域内的居民提供服务。社会工作者通过梳理、摸底、分析等专业方法挖掘社区带头人、自组织、寻求帮助的人等各类服务对象，有效发挥其优势和积极作用，从而实现社区需求并与现有服务资源准确对接。在此过程中，社工站可能会运用各种专业理论，如运用地区发展模式等来支持自己的服务计划，并在服务实践中不断检验和修正，解决群众问题，同时找到符合社区特色的发展方向。

社工站既要成为政府的帮手，也要做好自己的专业工作，同时兼顾社区居民服务的实际需要和完成政府服务的实际要求。社工站建设和发展离不开政府的支持与指导，也离不开服务对象的接纳和配合，更需要社会工作者的全身心投入，才能构建多方联动的专业社会工作服务机制。

第二节　社工站服务计划与实施

一、怎样开展各类需求调研

社区需求调研，是开展社区服务最重要的前期工作，在制订服务规划，开展项目评估、行动研究和深化服务等方面发挥着不可或缺的作用。需求调研可以帮助社会工作者验证关于服务问题和服务需求的假设，确定介入的社会问题和服务对象，梳理掌握资源和优势的利用情况，制订服务策略和服务规划，最后通过需求调研可以把握现状、确定基线，与服务介入后的"改变"进行对比，成为成效评估的依据之一。开展需求调研一般分为三个步骤，包括调研的前期准备、调研开展、调研数据分析。

（一）调研的前期准备

社会工作者在开展调研前，首先需要确定需求调研的类型，明确调研背景和目的，做好准备工作才会事半功倍。不管是首次介入调研，还是服务实施的前期调研，或者是服务延伸的后期调研，对于不同类型的社区需求调研，所涉及的问题和目标对象是不一样的。首次介入调研时，在社区群众中没有建立专业关系和信任基础，社会工作者需要在向社区主要成员了解情况之后，整体设计调研问题，目的主要是以收集服务需求和社区信息为主，面对的是全体服务对象，展开的是全方面的需求评估；在开展某些服务前进行调研，可以有针对性地设计问卷，从具体问题入手展开调研；如果是针对某一特定群体展开的调研，也可以参考一些专业框架和工具进行全方位的设计，有些框架与工具已经很成熟，甚至成为国家或地方标准，可以直接拿来使用。总之，要根据调研类型需求，明确调研目的，找到目标群体。

其次是方案设计。方案设计包括需求调研的问题、问卷设计，也包括需求调研实施的具体方案。问卷或者访谈提纲的设计要根据调研的目的和实际情况进行设计和反复校正，需要确保适用性、实用性、可实施性等。需求调研的问卷信息要对需求调研有实用价值，不能流于形式，收集所得数据也要真正能为服务所用。这就对问题设计提出了很高的要求，在调研中我们常用到调查问卷、调查量表、访谈提纲等工具。问卷、访谈提纲设计得是否合理有效，在很大程度上影响着调研工作的结果。社会工作者在设计问卷及访谈提纲时要结合调研主题和调研维度来设计具体的测量指标，并将它们转换成具体问题。问卷完成后需要进行一定数量的问卷试填和访谈试问，以检验和完善问卷和访谈提纲的可行性。具体的实施方案可根据实际情况进行规划，如调研范围、调研路线、调研前的人员培训等计划安排以及与调研实施地的工作人员沟通对接等。

（二）调研开展

需求调研的常见方法可以分为结构式访谈和非结构式访谈。结构式访谈更多采用问卷调查，资料收集除了经常用到的问卷调查，还有关键信息人访谈、焦点小组、观察法、现有文献及数据分析等方法。对于已有群众基础的需求调研，有时问卷调查并非最佳选择，焦点小组、访谈、数据分析效率反而会更高。这个过程中要学会"借力"，选择合适的调研地点和时间，充分利用社区入户工作、居民会议、社区活动等形式扩大资料收集范围，节省人力和精力。非结构式访谈事先不设定内容范围，只有一个大体的了解意图，例如，了解访谈对象的生活状况或对某些事情的意见看法等。一般采用随意交谈的方法与对象开放式聊天，获取相关信息并事后整理纪要等。

（三）调研数据分析

调研数据的分析须科学合理，应运用一定的专业工具，如 Excel、

SPSS、问卷星等工具，对调研资料进行分析整理，形成调研报告，便于日后开展工作或下一步制订服务计划。撰写调研报告要明晰调研报告的结构，包括调研背景、调研目标、调研方法、调研分析（问卷数据分析、访谈资料分析）、问题发现、对策建议等内容。在数据分析过程中，根据调研类型的不同进行有重点的资料分析，如在社工站建站后进行的基础需求信息调研，则可以重点根据回收的问题和与主题紧密相关的资料作进一步的分析。数据分析要图文并存，不可此起彼伏；大量的数据图表统计分析也需要精练的实务总结和分析；要注意调研报告中调研发现的问题和总结及对于接下来服务开展的启示和建议，结合需要做（需求），可以做（资源、能力），想做的（意愿）三方面考虑确定优先开展的服务。

在通过数据分析形成调研报告的同时，应该有意识地去收集社区服务数据或资料，如重点服务对象名单等，初步整理社区资源清单、年度服务计划等。

二、怎样制订服务计划

社工站在前期调研的基础上完成需求调研报告，同时需要制订服务计划，依靠实际调研需求得到的服务计划对社会工作者开展日常工作具有工作指引和工作方向引导的重大作用。服务计划一般包含服务项目的背景和意义、服务计划的总目标和分目标（具体目标）、服务计划设计、预期效果等内容。

（一）服务项目的背景和意义

服务计划需要有主题、有重点，因而对服务项目的背景和意义可以从宏观、中观、微观层次进行阐述。首先，可以对国家的政策、重要会议作相关的重要性分析，并指出政策依据，从立意高度上进行明确；其次，分析当前对所处地域中某些群体、某项服务的一般性服务做法和重视程度；最后，要对服务地、服务对象的现况、问题和需要的表现以及服务开展的必要性及重要意义进行分析，充分展示服务背后蕴含的社会工作理念和价值，并在相应的理论框架下确定服务的总体思路和介入方法。

(二) 服务计划的总目标和分目标

服务目标有总目标和分目标。总目标可以是针对社区的问题和需求从宏观角度展示通过提供某些服务期望达到的状态和愿景。分目标是指根据总目标中的不同维度而设置的、具体的小目标或者阶段性目标，通过具体目标的实现，进而达到总目标的效果和状态。分目标可以按照重要程度和难易程度进行排序，先重要、再次要，先易后难。分目标要可测量、可评估、可实现。

知识链接

任务目标和过程目标

1. 任务目标：解决特定的社会问题，满足社区需要，达到一定社会福利，如修桥铺路、解决干扰问题等。

2. 过程目标：提升社区居民解决问题的信心和能力，培养社区居民参与意识、参与能力、团结合作精神等。具体的过程目标可以有以下几点：

(1) 各种社会网络的重新建立；

(2) 居民互动及交往的增加；

(3) 邻里关系的改善；

(4) 居民及团体之间重建紧密关系；

(5) 居民参与的重要性，并愿意承担责任；

(6) 居民对社区更加认同及投入。

(三) 服务计划设计

1. 初步服务计划

针对总目标和分目标以及社区的实际需求，社会工作者在参考需求报告的基础上，用头脑风暴法列出实现目标的各种专业服务活动，可开拓创新，也可借鉴先进的成熟经验，列出服务活动之后，形成初步服务方案。

2. 确立正式方案

社会工作者可以携带初步制订的活动计划，与社区主要人员或社工站对接协调人员沟通，在综合考虑问题解决、需求满足、成本效益、能力、创新等多个因素的基础上，共同协商判断，共同讨论和确定服务方向，在能力范围之内，尽可能争取基层治理党委政府、社区成员、相关专家、社区组织等方面的意见，然后以社会工作理论和专业方法为指导，细化完善村庄的服务计划，确定最终方案。

（四）预期效果

预期效果是指社会工作者提供服务之后所达到的成果和状态。预期效果和目标可以相互对应，社会工作者可以着重写在某些目标上期望达到的最终状态。社会工作者在服务聚焦于某一群体、某一问题后，记录问题的产生以及解决之后会给居民、社区带来的变化，真实展现社区热点问题出现、跟进、解决、居民反馈等全部过程，最后总结提炼形成案例。

（五）方法技巧与制订原则

1. 方法技巧

（1）认准基本目标。服务计划制订的过程中，社会工作者会设计多层面、多角度的工作目标，应按照轻重缓急的顺序进行排列，最后在集中讨论时确定最终目标和具体的分目标。

（2）服务对象的参考性。服务计划的制订和设计是为了给服务对象提供更好的服务。服务对象既可以指社区、空间，也可以指代最常见的社会群体。在服务计划制订过程中，需要衡量服务对象的特色、需要、兴趣，以服务对象为设计中心和背景，从而提高服务的针对性和群众的参与率。

（3）评估资源。服务计划的实施有一定的场域限制，社会工作者在制订服务计划的过程中需要充分了解社区资源，并且评估其利用程度，包括人力、物力、财力等，这也再次肯定了需求调研、摸排情况的重要性。

（4）评估可行性。在完成初步服务计划之后，要考虑可利用的资源、条件，服务对象的特征、兴趣等，衡量服务计划的可实施性。

（5）确立详细方案。服务计划除了整体的服务进度、活动、效果的展示，还要有详细的活动计划方案，主要包括：目标、对象、形式、日期、时间、场地、程序表、人员分工、资源要求、预见困难及应付办法等。

2. 制订原则

（1）系统性原则。要求社会工作者在制订社区服务方案时，首先应该把社区看成一个由各种要素构成的综合体，在综合的控制下对社区各部分进行分析，然后又回到综合，作出对整个社区协调发展有利的系统设计。

（2）前瞻性原则。也就是在现有基础上积极提出可以达到的发展目标。这个目标应高于现实，具有创新性，起到引导的功能。

（3）因地制宜原则。即从本社区的实际情况出发，发挥自身优势，科学地确定社区服务的目标、对象、内容，形成符合本社区实际的服务方案。

（4）规模效应原则。即在社区服务规划中注意使社区服务项目产生较大的经济、社会效益。这就需要从人口和空间距离（服务半径）及投资因素等方面综合考虑各类设施的规模和布局。

（5）阶段性原则。根据社区发展的总体目标要求，确定社区发展的阶段性目标任务和工作重点。

（6）可操作性原则。所谓可操作性，就是能够付诸实施。按照这个原则，社区规划必须有相应的指标和指标值，有比较具体、可以检查的对策措施等。

三、怎样适时更新服务计划

社会工作者制订服务计划后，需按照服务计划实施。但服务计划并不是一成不变的，要根据社工站建设情况以及社会时事的发展，在保证宏观服务方向不变和社会工作专业性的情况下，适当对服务计划进行微调，从而更贴合群众实际需求。具体分为以下几个方面。

（一）社会政策

社会工作在我国发展至今，作为一门专业学科，已经形成了自己的一套实务原则，而社会工作的不断完善和发展得益于社会政策的倡导和推动。虽然"双百工程""禾计划"的推广实施表明，社会工作人才队伍不断扩大，社会工作专业得到了更广泛的关注，但最终推动社会工作发展的原因还是在于社会政策。以社工站建设来说，2020 年 10 月民政部在湖南省长沙市召开加强乡镇（街道）社会工作人才队伍建设推进会，提出要加快建立健全乡镇（街道）社会工作人才制度体系，力争"十四五"末实现乡镇（街道）都有社工站，村（社区）都有社会工作者提供服务，把乡镇（街道）社工站打造为落实党和政府爱民惠民政策、落实到民政基层服务的一线阵地，社会工作的作用得到更加充分发挥。随后，全国各地开始积极响应会议精神，积极探索适合各地需要的乡镇（街道）社工站项目实施方案。各地在乡镇（街道）社工站建设实践探索先行后，深入社区建立社工室，开展社区为本的社会工作专业服务，真正解决为民服务的"最后一米"。因此，社会工作者应掌握确切的政策信息，准确地理解和分析现行社会政策的目标、设计、实施等环节，科学地评估社会政策效力，适时调整更新服务计划。

（二）时政热点

实施服务过程中，社工站不能闭门造车，需要不断纳新、创新融合，最直接的方式就是关注时政热点。而关注时政并非走马观花，流于表面，社会工作者要目的明确，在看到时政热点表面的同时，一定要清楚地了解背后的内在原因或助推动力和因素；要开阔思路，认清每一个热点话题背后所处的时代背景，以及未来的发展趋向和可能存在的优势与隐患，从而深入思考社会工作者可以做什么，例如，党史学习教育、创城创卫行动等时政热点，可以与自己的服务计划充分结合并适时调整。

（三）社工站发展需求

第一种情况是服务需求得到满足，产生新的服务缺口。服务计划的制订是基于计划制订时服务群体、服务对象的状态进行的，当社会工作者开展部分服务，服务对象的需求已经得到满足时，可以调整服务计划。例如，社会工作者的服务计划预计开展 3 次小组活动，目标是挖掘社区积极分子，组织号召社区成员加入小组，活跃社区氛围，并吸引更多的服务群体融入，最后形成社区社会组织，但发现在第二次小组活动后，小组成员间已经具备了较强的凝聚力，也已经出现社区骨干，社会工作者就可以根据实际情况调整服务计划，开始培育社区骨干和社区社会组织的运行，辅助完善运行管理机制，并将社区项目开发提前规划，帮助社区提升发展能力。此时，社工站在与社区主要负责人员沟通后，可以重新确立服务目标和制订服务计划，以此提升服务效果。

第二种情况是服务计划方向偏离。建立社工站在很大程度上是为了应对基层工作人手不够、能力不足的困境，更好地解决民政服务对象和人民群众的"急难愁盼"问题。因而在社工站服务过程中，在一定程度上承担了政府（民政部门）的一般行政性工作或是与社会工作专业性密切相关的工作，这就挤压了社工站在专业服务上的时间精力，甚至会影响服务方向。当社工站被行政化严重影响时，需要适时调整自己的专业服务计划，保证社会工作服务的专业化和高质量。

（四）不可抗力

不可抗力是指不能预见、不能避免且不能克服的客观情况。不可抗力的发生具有突发性、不确定性和不可抗性。例如新冠肺炎作为一种在一定区域暴发的疫情、一种突发的公共卫生事件，且具有突发性，无法预见，则属不可抗力。紧张的疫情防控形势放大了困难群体的各类困难与无助，但同时也对社会工作者提供服务的形式和方式进行了限制，不能聚集，更需要协助一线工作人员承担核酸检测的相应工作。在这样的形势下，社工站则需要评估当前的社会形势以及所在地域的需求强度，在与社区沟通协商之后，可以适时调整服务计划，为需要帮助的人提供更及时有效的服务，继续发挥社会工作者的专业作用。

四、高效落实服务计划有哪些技巧

社会工作领域常见的三大工作方法即个案工作方法、小组工作方法和社区工作方法，此三类方法社工站可以在具体实务工作上操作实施，帮助完成工作计划。在专业服务方法之外，若想高效地落实服务计划，则可注意以下几点。

（一）科学的工作方法

PDCA 循环工作方法。PDCA 是英文单词 Plan（计划）、Do（执行）、Check（检查）、Action（处理）的首字母缩写。PDCA 循环就是按照这样的顺序进行管理，并且周而复始、不断循环，它强调在服务实施过程中"制订计划、具体实施、成果验证、重新调整"这四个步骤可以周而复始地循环，最终达到所设定的目标。

首先是计划阶段，需要进行服务计划的制订，包括服务目标的精准度、服务的质和量，围绕这两点可以逐一展开，制订完整的服务计划。关于如何制订服务计划，还可以参考"6W3H"分析法。其次是服务的实施和行动，将行动实施方案计划逐级分解，形成行动措施和具体任务，并形成具体可操作的行动口令和指引，分配到具体服务的社会工作者。再次是检查，即社工站在完成某项任务，或以活动形式满足群众需求后，需要对服务的实施进行验证，检验服务活动的目标效果，如总目标、分目标、服务的完成度等内容。检查验证是为后续服务做好准备。最后是处理和调整，是在检查的基础之上进行的环节。在检查服务效果后，若是服务效果不理想甚至失败，则应吸取经验教训，采取下一步措施，如调整服务目标抑或是调整服务计划等；若是取得成功，需要将经验进行提炼汇总，最终形成可推广的服务模式。

知识链接

"6W3H"

What——要做的是什么及描述达到命令事项后的状态。

When——全部工作完成的时间及各步骤完成的时间。

Where——各项活动发生的场所。

Who——与命令有关联的对象。

Why——理由、目的、根据。

Which——根据前面 5 个 W，制订各种备选方案。

How——方法、手段，也就是如何做。

How many——需要多大、多少，以计量的方式让事情更具体化。

How much——预算、费用。

（二）服务计划节奏

一是具体服务的开展。社会工作者应该根据已经提前制订好的服务计划跟踪实施，随时知道自己制订了哪些服务计划，哪些已经完成，哪些仍未完成，哪些服务经过实施已经满足服务对象的需求，是否还需要改进和调整，等等。

二是给予社会工作者充分的自主权和专业性。在不偏离服务方向和服务目标的范围内，尽量给予社会工作者更多的权力，提高社会工作者的积极性，以更加积极和饱满的状态提供专业社会工作服务。

三是明确工作的轻重缓急。将服务计划进行分类，必须做的、重要并且紧急的任务是第一类；应该做的、重要或紧急的任务是第二类；可以做的、但不重要不紧急的日常任务是第三类。将最重要紧急的工作放在首要位置，且要做到不推卸、不拖拉，而对于一些能由他人替代的事情则可授权让别人去做，最重要的核心就是要提高工作的效率和效能，高效落实制订的服务计划。

四是建立监督机制。在给予社会工作者充分自主权的基础之上，应有专人对站点社会工作者的服务工作进行监督管理，包括服务计划的实施完成度、服务效果、服务反馈等。建立的监督机制要符合现状，配合实际需求开展。

（三）问题意识

社会工作是与人相处、为人提供服务的一项职业，所以问题的产生是不可避免的，尤其是在服务计划制订、决策、实施的过程中，会有更多的矛盾点和问题点。而发现问题、提出问题是解决问题、化解矛盾的前提。一要直面问题和解决问题，将问题进行梳理分析，针对问题制订有效的解决方案，并通过试错进行不断的验证；二要不怕有问题，就怕有问题不解决，对已经发现的问题要敢于正视，分层次、分类别去认识问题，做到具体问题具体分析；三要客观面对问题，勇于解决问题，敢于担当作为。

在社会工作者用心的同时，服务计划的落实也需要拥有技巧辅助推进。有计划不落地，有行动没结果，工作计划就失去了意义。在利用相应的工作技巧和方法后，通过有方法、有计划的执行，有跟踪、有优化的落实，最终才能实现服务计划的高效落实。

第三节　社工站服务质量管理

一、怎样对服务活动进行评估

社工站服务活动是按照服务计划执行的，并在执行的过程中利用高效的实施技巧辅助社工站服务项目的顺利进行。任何社会工作项目都应该进行评估，用科学的方法对项目的设计、策划、实施和效果等进行测度、诊断和评价。项目评估既是服务提供者向各方交代项目情况，也是提升其服务质量和专业水准的前提。社会工作实务工作通用过程中的评估基本包括过程评估和结果评估。

（一）过程评估

过程评估是对整个服务过程的监测观察，也可以称为动态评估或者状态评估。它贯穿整个服务助人过程，目的是了解社会工作服务项目方案实施的情况。在不同服务阶段，过程评估有着不同的侧重点：在服务介入初期和中期，重点是社会工作者的工作技巧和服务对象的表现，以便及时修订方案并改善工作技巧；在服务结束阶段，重点是找到服务过程中有影响力的事件，探索服务对象改变的内在动力及来源。

社工站服务过程的管理和控制具有一定的复杂性，在服务项目、服务计划实施的过程中，社会工作者不仅要在经验、能力、心态、技术等多个方面投入，还要与基层政府的合作伙伴、正式资源和非正式资源的链接保持动态持续的关系，通过不断评估和及时收集服务反馈信息，社会工作者可以及时调整服务项目和实施策略，从而实现对服务项目实施高效的过程控制。

过程评估主要是对社工站服务开展过程的主观、客观因素和制度化的流程进行评估，关注服务执行情况，监控项目按计划推进的顺畅性，帮助社会工作者建立起自我监管机制。另外，因为过程评估是动态评估，不会具体设定某一天，而是在某个阶段内进行，因而过程评估可与社会工作者和工作人员提前协商。

　　过程评估实际上要解决的就是服务顺畅性的问题，只有服务顺畅，输送到位，才能进一步去探究服务成效和社会影响。因此，过程评估是为成效评估（末期评估）做准备的，也是成效评估的必要保证；成效评估则是过程评估的最终目的。

　　（二）结果评估

　　结果评估是社会工作项目评估的关键内容。在服务评估的过程中，需求评估、方案评估和过程评估主要是帮助实现服务计划和服务目标，结果评估则是项目评估的核心所在。结果评估大致分为成果评估、影响评估及成本-效益评估三类。

　　1. 成果评估

　　成果评估与服务直接相关，包括目标评估和质量评估。目标评估主要是检验社工站服务活动是否达到预期目标。如开展亲子互动小组，主要是帮助组员融洽亲子关系，构建和谐的家庭氛围，在小组活动后，组员间的关系是否有改变、在多大程度上掌握了互动沟通的技巧、对家庭教育的认知是否有所深化等，通过以上的内容可以判断小组工作是否达到既定目标。质量评估更多的是侧重服务对象的满意度评估，可以采用访谈法、问卷法等进行评估调查。

　　2. 影响评估

　　影响评估是评价社工站服务项目所产生及带来的影响。成果评估可以反映服务目标达到的状况及服务质量，但是对于服务带来的社会效益和社会影响则要从影响评估入手。社工站在提供专业服务时，必定与周边的环境系统产生一定的联系和影响，在成果目标之外的隐性影响不该被忽略。

　　3. 成本-效益评估

　　成本-效益评估是从经济学视角对社会工作服务项目进行的评估。社工站提供服务需要投入人力、物力和财力等资源。将社会工作项目的成果和影响与所投入的资源进行比较，并用金钱来标价，这就是成本-效益评估。如两个社会工作者分别在所驻扎的两个站点开展了同样的小组活动，且都达到了预期的目标，则投入资源相对较少的社会工作服务效率较高。

(三) 评估的重要事项

一是注重社会工作者的自我评估与反思。评估的目的在于总结工作经验、改善工作技巧、提升服务水平，因此，社会工作者在评估过程中要注重反思自己的价值观、方法和技巧，以便获得专业的成长与提升。

二是调动服务对象的积极性、参与度。服务对象作为服务的使用者和受益者，有权利了解服务的有效性，对自己的改变与发展有直观感受。

三是评估要注意保密原则和切合实际需要。评估的方法、过程应符合社会工作的伦理。评估的方法要与评估目标一致，切实可行。

二、怎样提升社工站服务质量

社工站服务质量的提升需要从社会工作人才培养、社工站服务、政府三个角度进行分析。社会工作人才培养是在社工站建设时从服务提供者的源头进行把关；社工站服务是社会工作者通过实务开展来提升社工站的影响力；政府则是为社工站的顺利开展提供制度保障和资金支持。

(一) 社会工作人才培养

社会工作人才培养可以分为专业社会工作者培养和本土化社会工作者培养。专业社会工作者培养更多依靠高校的多层次培养。在培养学生强烈的社会责任感和正确的社会工作价值观外，高等院校应针对目前社工站所需要的基本技能进行综合培养，打破专科院校生侧重实用技能和应用的培养、本科院校生则是在理论和实践综合培养上进行更多的知识灌输的传统教学模式。社会工作本身就是一门实务性极强的学科，在掌握相应的系统理论的基础之上，专业社会工作人才还应具备一定的人文素养和重要的服务技能，如调查评估、方案设计、总结评估、职场通用技能等，高校应以培养复合型专业社会工作人才为最终目的。

本土化社会工作者培养依托在地的服务机构或服务组织进行培养。一是加大对"社会工作"的宣传。成为社会工作者，首先需要有专业的助人自助的价值观。通过微信公众号、抖音短视频等新媒体加强服务对象对社会工作的了解，从舆论角度强化社会群众对"社会工作"的认同感。二是在服务中挖掘社会工作人才。在社工站开展服务的过程中，社会工作者可以挖掘活动中的积极分子和社区骨干，鼓励他们加入社会工作。在与不同行业合作服务时，也可以挖掘"社会工作"人才，吸引其他相近专业的优秀人才，如心理服务专业等，多元化挖掘社会工作人才，丰富社会工作专业人才资源。三是对本土化社会工作人才进行培训。开展系统化、正规化本土督导人才培养计划。注重专业与职业、理论与实务、线上与线下相结合，链接专业院校资源，为本土化社会工作者队伍提供考前培训，探索适合本土的社会工作专业人才培养模式。

（二）社工站服务

社工站在进入社区服务时，尽管表面上有可能是社会工作者单枪匹马作战，但是在社会工作者的背后，是整个社会工作者团队，乃至一个社会工作服务机构共同作战。在服务中，社工站要充分发挥团队作战的优势，分工合作：首先，让群众认识社会工作者团队，并将服务进行宣传展示；其次，可以根据所在地区的服务规划调整服务方向，将服务计划贴合服务对象需求，丰富服务内容，积极促进社区发展；最后，孵化组建各种社区服务组织，带领群众逐渐在服务活动中参与社区服务和社区治理，发挥群众自主权。社工站发挥社会工作者影响力多以传递正能量为主，树立积极向上和互帮互助的精神。

（三）政府

从宏观方面来说，政府的制度和政策支持对于社会工作发展至关重要；以目前形势来看，对社工站的建设发展也至关重要。必须要坚持党建引领，加强社工站党的建设，发挥党员先锋模范作用，把社工站建设成为宣传党的主张、贯彻党的路线方针、密切联系服务群众的专业平台，随后政府在政策和制度上重点关注社工站建设。首先，政府应在社会政策上鼓励重视社会工作的发展，加大社工站建设的推进力度；其次，在制度上，社工站社会工作者的选拔和竞争制度也需要不断完善，以促进社工站择优上岗，保证社工站服务质量；最后，应该在资金上对社工站的建设发展提供保障，如社区服务项目、社会工作者的个人职业保障和福利待遇等，尽可能吸引更多的专业社会工作者，壮大社会工作专业人才队伍，提高社工站服务质量。

第 3 章

社工站沟通协调机制

　　推进乡镇（街道）社工站建设和发展，是创新基层社区社会治理体系和治理能力现代化建设的重要内容之一，也是重新激活社区内生动力、赋能基层社区干部、促进有效社区治理的重要路径。在此背景下，政府购买项目和专业社工机构的嵌入成为推进社工站建设的主要方式，并以各种活动形式为社区居民提供专业的社会工作服务。在这个过程中，社工站及社会工作服务必然要与基层政府、基层社区居委会、社区居民等多个工作对象进行互动和交流，因此必须正确认识与各方沟通的重要性。同时，社工站要正确把握与各方工作对象的沟通和协调，营造良好的沟通环境，这也是社工站建设和推广过程中必须要掌握的技能之一。那么，社工站和所属的社会工作者，如何在互动过程中在保持独立性和专业性的同时与各方工作对象进行有效沟通呢？本章将从社工站与政府的沟通协调、社工站内部的沟通协调、社工站与社会组织的沟通协调和社工站与社区志愿者组织的沟通协调四个方面进行阐述，总结归纳社工站与各方工作对象沟通和协调的方式方法。

第一节　社工站与政府的沟通协调

　　当前，基层政府购买社会工作服务，由社工机构嵌入社区、开展社会工作专业服务、推进社区治理和发展的项目制运作成为社工站建设和发展的最广泛途径。作为基层政府推进社区治理工作的创新性力量，社工站从理论目标到本质实践，体现出了丰富的地方性政府工作元素，表现出了与当地政府工作有机结合、融合发展的典型特征。因此，加强与基层政府的沟通和协调，不仅是基于工作职责的本质特征，也是保证双方互相把握、确保动态反馈和正常运转、充分发挥行政性作用和专业化优势以开展社会工作服务的必然要求。

一、社工站与当地政府部门的关系是什么

在社工站建设和发展的整体过程中，依托当地政府购买项目、社工机构承接项目并有效运作的"外包式"是目前比较主流的发展方式。作为实实在在的出资方，当地政府对于社工站拥有着"天然的话语权"，处于思想引领、方向把控的领导者定位。而社工站作为实实在在的服务提供方，是辅助落实党和政府惠民政策、创新开展基层民政兜底服务的执行者定位。通过当地政府的引领指导和社工站的创新性落实，最终要达到共推社区治理、共助乡村振兴的工作目标。因此，在当地政府的行政化指导与社工站专业化实践相互结合中，二者又体现出相辅相成的伙伴式关系。

（一）当地政府为社工站的建设和发展提供保障

在上述的背景下，当地政府在社工站建设和发展过程中，不仅规定着工作内容和发展方向，还参与着政策规划和统筹管理的工作，同时协调政府各部门相互联动、各社区渗透沟通、投入硬件设施、财政经费、地方性资源和有利条件，为推动社工站落地生根、打造有利的本土化发展环境提供保障和支撑。

（二）社工站的建设和发展为当地政府工作的落实提供新方式

从专业定义可以看出，社会工作及社工站的实际工作，本质上是解决社区社会救助、养老助残、儿童福利、社区治理、人权发展等社会问题的职业工作。通过解决问题来激发潜力、挖掘内生动力，重塑个体和群体的社会化环境，这是一种区别于政府直接救济和普惠福利的新方式。同时，社工站对政府民生政策的创新性落实，能够在一定程度上弥补政府直接提供服务的局限性和不足，促进基层政府工作能力的补充和延伸，也是提升当地政府公信力、提高当地政府治理能力的新方式。

（三）社工站与当地政府部门是相辅相成的契约式伙伴关系

如前文所述，当地政府采用"外包式"项目制方式，即购买社工机构服务开展社会工作专业服务。在项目周期内，当地政府部门为社工站提供

政策条件创造和经济条件支持等多重保障，以确保实务性工作得以顺利开展。作为专业的助人职业，社会工作者所掌握的专业知识和技能，能够保证方法应用的合理性和服务开展的有效性。同时，双方的及时沟通和互促互学不仅加强了社工站对地方政策的理解和把握，有利于更贴合本土的需求和实际开展工作，而且为当地政府部门提供了新的工作思路和路径，提升了当地政府部门解决民政需求、转变工作方式、创新工作方法的技能。因此，在完成既定的项目和专业化服务的过程中，社工站与当地政府部门不断地沟通、协调、共同提升，促成了相辅相成的契约式伙伴关系。

二、与政府部门建立什么样的沟通协调机制

社工站的建设和发展并非一蹴而就。作为当地政府引进的推进社区治理的新事物和新力量，社工站充分发挥专业效能以及完全获得当地社会的认可的前提是准确地把握当地实情实况，并将社会工作专业服务嵌入当地民生民需。在社会工作服务专业化和当地政府工作行政化的"冲突"之下，社工站就更应保持与政府部门的沟通频次，交流如何发挥社会工作的专业性、如何促进政府政策落地的真实性等重点问题，实现社工站与政府的思想一致和行动一致。因此，为了避免工作目标和服务理念产生分歧，建立完善的沟通机制、与当地政府部门保持良好的沟通就显得十分重要。

（一）明确沟通协调的人员安排

社工站与当地政府的沟通协调存在于日常工作的方方面面，是不间断互融和持续性磨合的过程。然而，社会工作专业组织和当地政府行政组织之间存在着天然的专业性差异，单纯的上传下达的沟通模式便不再适用。相反，最佳设置是明确沟通协调负责人并进行遴选，平衡行政要求和专业服务方向之间的关系。在社工机构承接当地政府购买的社工站建设和发展的服务项目后，需要结合政府的相关职能部门和社工站的服务领域来确定沟通协调人选。一般情况下，政府相关职能部门（多数情况下为民政部门）的主要负责人兼任主职负责人，作为党建引领下统筹规划、指导协助社工站建设和发展的第一责任人。同时，承接项目的社工机构也会派驻一名专业能力、行政能力和领导能力均衡发展的社会工作者，任职

社工站的副职负责人，作为推进专业领域的实务服务开展的第二责任人。二者不仅需要确定固定的人选，还需要明确清晰的管理级别与管理职责，以便在沟通协调工作中捋顺人与人的基础关系。此外，他们还有责任在日常工作中进行沟通，融合政策要求和专业服务内容，协调当地政府方和专业服务方的目标，并使之一致。

根据发展需要，还可以针对社工站具体工作的细分，设置不同的专职事务性社会工作者岗位及对接人，例如督导培训社会工作者岗位、考核评估社会工作者岗位、宣传推广社会工作者岗位等。这样可以保证各专职事务性社会工作者岗位都有相应的政府工作人员与之对接，固定沟通协调对象，以确保能够与专职事务负责人沟通协调专职事务，筑牢沟通桥梁。值得注意的是，不论是一对一、一对多还是多对多的各种沟通协调安排，都应该将沟通协调人选统编至社工站运营管理的组织架构中，并且将人员信息、角色分工公示在站内公示牌或者制度墙内，以确定的制度性行为明确沟通协调的人员安排。

以北京市 W 镇社会工作服务中心（等同于乡镇/街道社工站，以下简称"镇社工中心"）为例，如图 3-1 所示，由当地政府主管民政工作的副镇长担任镇社工中心主任职务（等同于站长），由镇民政科室负责人担任副主任职务（等同于副站长），由承接镇社工中心运营管理工作的 Y 社会工作事务所的资深社会工作者担任专职副主任职务（等同于专职副站长），同时设立专职事务社会工作者岗位和专职培训社会工作者岗位。日常的沟通协调主要在副主任和专职副主任之间进行，其他专职社会工作者岗位也会与副主任进行少量的直接沟通协调。

（二）健全日常工作的沟通协调渠道

明确的人员安排是做好沟通协调工作的前提要素，它确保了沟通协调有人组织、有人管理、有人负责。为了落实好沟通协调的具体工作，则需要建立和健全合适的沟通协调渠道，以便让沟通协调的内容有载体可呈现、目的有平台可实现。

1. 加强日常工作的沟通协调

日常工作的沟通协调是推动当地政府和社工站双向交流的最基本机

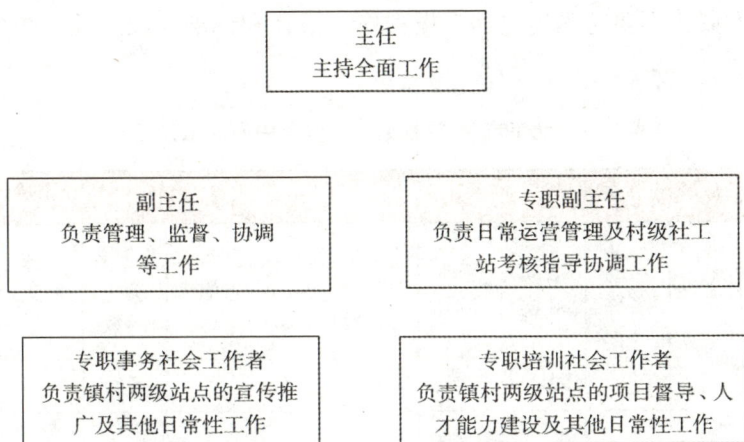

图3-1 北京市 W 镇社会工作服务中心人员安排

制。它能够保证当地政府完整、清晰地了解社工站的工作动态，并为政府对社工站提供准确的指导提供依据。日常工作的沟通协调以提交汇报资料为主要形式，包含社工站向当地政府提交的周报（如表 3-1 所示）、月报（如图 3-2 所示）和季报等多种内容，它多以工作台账表格为主，其中标明了时间、工作开展概况、工作开展的问题和困难以及下一步的大致工作计划。并且根据阶段性工作开展的有利优势和有效成果，辅以适当的文字材料或表单数据加以说明和体现，以总结阶段性工作开展的经验和模式的提炼。与此同时，当地政府也应及时查收相关工作汇报、文字材料和表单数据。一是掌握社工站近期的具体工作内容，做到心中有数，减少当地政府与社工站信息了解的不对称程度。二是可根据工作汇报对照阶段性或者全年工作计划，对先进的、效果突出的部分加以认可，并继续投入资源和精力加以巩固，形成特有的地区性社会工作模式；对于计划有偏差或者效果甚微的部分，要提出建设性、指导性、可行性的修改建议，以矫正社工站的工作步调。这里需要注意的是，在此过程中，无论是社工站抑或是当地政府，都不能仅靠工作计划的指标开展工作、指导工作。相反，应该意识到要给社工站让渡空间，以应对如新冠疫情防控的突发性工作、当地社区事务性协助工作，或是以更专业化的方式充盈计划工作的内容和内涵，以彰显社会工作的专业性优势。同时，要警惕社工站日常工作汇报的过度行政化发展，不要苛刻地追求汇报程序、格式和标准，以避免简单的工作汇报繁复冗杂。

表3-1　北京市 W 镇社会工作服务中心周工作汇报

本周工作内容										
序号	社工站	活动名称	活动规模	活动时间	社会工作者参与人数	村委会参与人数	是否有志愿者参与	志愿者参与人数	服务对象人数	活动概况
下周工作计划										
序号	社工站	活动名称	活动规模	活动时间	社会工作者参与人数	村委会参与人数	是否有志愿者参与	志愿者参与人数	服务对象人数	活动概况

W 镇社会工作服务中心×月工作情况

一、工作开展情况

（一）镇社工中心

（二）村社工站

二、工作中存在的困难

三、下一步工作计划

（一）镇社工中心

（二）村社工站

图3-2　北京市 W 镇社会工作服务中心月工作汇报提纲

日常工作的汇报频率高，而且每次的内容都不同，所涉及的资料也是多种多样的。因此，社工站应将各类汇报资料、文字说明材料、表单数据材料及影像资料进行合理归档和电子化留存，以便在后期工作中查阅和使用。

2. 以互联网通信的方式提升沟通协调

随着互联网通信科技的不断发展，社工站的服务工作也或多或少地与互联网通信相融合。这种融合表现在服务工作开展上，主要是举办线上活动和开展线上培训，其中优势在于能够吸引更多的参与者，覆盖更广的地域，并且一定程度上能够摆脱时间和地域的限制。另外，互联网通信技术能够在固定时段和非固定时段进行跨地域实时沟通，方便沟通和协调。常用的互联网通信沟通方式多见于微信、电子邮件、钉钉、腾讯会议、电话等形式。相较只存在于负责人之间的文字汇报资料的沟通形式，互联网通信科技的应用能够实现多人同时参与的群体性沟通，打破了一对一、点对点的独立式单线化沟通模式，便于讨论群体性工作和需要共议的工作，有利于构建网络化的沟通协调机制。同时，互联网通信拥有着即时性的特点，能够方便当地政府和社工站的工作人员针对特定事件、特定问题进行实时沟通，以便及时发现和解决问题，确保各项工作按进度推进。

在使用互联网通信方式进行沟通协调的过程中，建议不要像文字汇报一样按固定时间频次。除了必要的"微信群语音/视频通话"或"腾讯会议"需要预定时间段之外，其余方式的沟通协调可根据工作需求随时开展，不限频次。需要注意的是，虽然互联网通信为沟通协调提供了便利，可以随时与任何人沟通任何事，但要时刻注意沟通协调内容的逻辑性、简洁性和目的意义，保持沟通协调的有效和高效。

3. 以联席会议的方式促进沟通协调

联席会议的召开旨在召集当地政府有关部门、社工站及其他有关人员，共同商议社会工作服务的开展，并相互分享工作经验，探索新方法、新途径。对于社工站建设和发展而言，定期召开联席会议具有极大的作用，能够促使政府和社工站双方乃至多方针对社会工作本土化落地的有关事务、难题，进行面对面的共同研究，通过"对口解决"或"协调解决"来解决问题。召开联席会议不仅要求当地政府和社工站人员参加，还需要其他与社会工作服务开展相关的部门加入，以便通过联席会议贯通各项服务政策和解读文件精神，便于社工站提炼服务方面和点位及掌握服务所需的政策依据和要求。同时，联席会议也可以为社工站与其他各部门搭建讨论平台，丰富各个方面的沟通和协调。

由此可见，召开联席会议是当地政府与社工站最正式的沟通协调方式。为建立健全并完善落实联席会议制度，需要明确联席会议的召开组织方、召开时间、召开地点和参与人员。通常情况下，联席会议由社工站的第一责任人和第二责任人共同商议召开，每月或每季度固定某一工作日定期召开。会议地点应选择交通便利且适合多媒体文件展示和交流的场所。参会人员不限于当地政府和社工站的工作人员，还可以包括妇联、残联、退役军人服务、党建办等政府职能部门，教育工作委员会、红十字会等体制部门，以及一线社会工作者、社区主管干部、专家学者等，均可视情况和需求参加联席会议。联席会议的主题是最重要的方面，需要明确主要传达的要求和文件精神，讨论并确定工作安排，协商解决社会工作日常服务开展中的问题，以提高联席会议召开的针对性和实用性。联席会议结束后，社工站的工作人员还要对联席会议的签到记录、会议纪要、影像图片等相关电子版和纸质版档案进行留存归档，并将会议内容进行整理后下发至各社区的一线社会工作者进行学习和指导使用。

（三）完善沟通协调的体系建设

当地政府与社工站的沟通协调机制的建设，是社会工作服务嵌入社区治理，保持与各方主体联系和合作有效率、有针对性的重要设置之一，也是避免社工站单打独斗，推动各方力量形成社区治理合力的重要途径之一。首先，要建立良好的沟通协调机制，不能以"官本位"思想完全由当地政府主导，而忽视社工站同样作为主体的地位。同时，也不能放任社工站以"专业"的名义来扰乱正常的沟通机制，带来沟通协调上的无序。应是当地政府与社工站共同承担建立，以平等互利、尊重与认同的理念运作沟通协调，消除二者之间的不对等因素。其次，要充分发挥沟通协调各项机制的生命活力，把握住每一次沟通协调的机会，以分析问题、讨论方法的真切需求为导向开展沟通协调，保证每一次的沟通协调真实交流事件、真正解决问题。不能只建不用或建后错用，更不能停留在"有机制、无实质"的空架子行为做派上。最后，明确双方沟通协调的意义和作用，即助推社工站在资源的整合力度、帮扶的深度、服务的精准度等方面的不断提高，进而解决辖区内困难纾解、社会救助、关系调适、增权赋能、社会融入等多方面的问题，以达到推进社区治理和社区发展的目的。

因此，良好的沟通协调机制的建立和完善，是双方通过交叉合作不断磨合的结果，是在实际的沟通协调中不断完善、在协同完善中增强沟通协调的动态过程。无论是当地政府还是社工站，都应积极主动地承担沟通协调机制建设和完善的责任，都应成为以共同协作为信任基础的参与者和实践者。

三、与政府部门沟通的技巧有哪些

作为新生事物和组织，社工站具有与当地政府各工作部门不同的身份和使命，因此需要特殊的工作视角和方法。推动社工站建设和发展，其目的不仅仅是作为服务者为辖区内有需要的人开展专业服务，更重要的是抓准当地社会发展的实际情况和突出问题，通过不断的赋能和培力，转变应对问题的态度和思维模式，提升解决问题的能力和创新力，助推基层治理模式的重构或升级，以达到"善治"的目标。因此，社工站建设，一方面是为有需要的人提供基础服务，体现其独立的专业性；另一方面还伴有与当地政府重点工作的相互结合，体现其融合发展的特性。然而，社工站"独立的专业性"和"融合发展的特性"长期互存、共同作用，本身就是一种相对矛盾的状态，这种矛盾态势可能会导致它们难以完美结合，甚至会出现不同程度的冲突。

因此，作为新生事物和组织的社工站，应积极促进当地政府对其自身的理解认识，明确自己的定位和职能，并与当地政府进行及时、有效的沟通，促进协同合作，减少矛盾冲突和误解的出现，走出各种互动困境，推进工作的正常开展。那么，何为有效的沟通，有效的沟通又有哪些技巧呢？

（一）在沟通时注意政社互为主体

在社工站建设和发展的现实情况中，由当地政府拨付资金并由社工机构承接项目开展服务的"外包式"发展模式成为主流选项。由于当地政府处于出资人及管理人的特殊地位，再加上对社会工作理解的欠缺，政府会随意指导、要求和控制社工站，导致大多数的社工站在与政府沟通时默认政府为主导和主体，自身处于不断依附行为和"下属式"附属地位。但是，这种不对等的沟通不仅使社工站丧失平等沟通的权利，加深对政府的依赖；同时过度的默认和依赖还会加剧社工站主体的意识淡化，甚至还会使社工站陷入"没有主见、只知听命于政府安排"的劣势舆论旋涡，极不利于工作的开展。

因此，保持与当地政府行之有效的沟通协调，必须要正视"政社互为主体"的平等主体地位。当地政府虽然基于上述的各种特殊地位，但是它偏行政化的单一力量难以满足社会服务领域的拓展与群众需求的个性化，也难以在针对性较强、需求层次更深的问题上给予完美的处理。而社工站作为介于政府和群众之间的中间力量，往往能够较为真切和深入地了解群众的真实需求，并且能以现实环境和情况来思考、分析及处理群众的问题和需求，在政府公共服务未能有效发挥作用的区域提供服务。这就说明，当政府以权力、资金、资源、政策等占据了保障方主体地位时，社工站仍然在专业服务领域发挥着重要作用，同样占据了以服务提供为主要工作内容的服务方主体地位。在与当地政府沟通协调时，社工站一定要切实尊重当地政府的"甲方"地位、听取其合理建议；同时，重视自己的专业价值和能力，不要一味地默认并且承认外界贴上的"从属者"的标签，要以专业性服务的优势和自信，摆正"一方出钱，一方出力"的平等互惠的基本合作逻辑，展现同样作为沟通主体的责任担当，在"政社互为主体"的沟通协调过程中积极主动地表明想法和建议，推动社工站以正当的地位主动嵌入而非被动拖入基层工作，发挥在解决基层群众需求、助力社区治理等专业化服务方面的协助功能。

（二）在沟通时注意目标协调一致

社会工作作为社会建设的重要组成部分，是聚焦人与环境的互动改善，综合运用专业知识、技能和方法，帮助个人、家庭、社区适应所在的社会环境，增强或恢复其社会功能，以预防或舒缓社会问题的专业性工作。社会工作坚持"助人自助"的服务宗旨，并且运用个案工作、小组工作、社区工作、社会行政的专业方法，是区别于其他专业和职业的独立门类。在中国社会发展的现实情况中，社会工作的整合社会资源、协调社会关系、促进社会和谐发展等多个功能和目标，与政府工作的解决社会问题、缓解社会矛盾、促进社会稳定的宏观目标在功能和意义上相互契合。

虽然在具体的工作性质、工作内容和工作方式上仍然存在区别，但制度性、科学性的划分重新定义了社会工作与政府工作之间的关系，并且建立了密切的关联。因此，社工站与当地政府二者之间系统性的、不可分割的合作便有了先天性的基础。同时，这也奠定了社工站的工作内容与当地政府工作相互协调的工作机制。基于以上情况，要推动社工站建设和发展，需要将社会工作专业价值和方法嵌入政府的重点工作，并从中得到成长和发展。最重要的是在二者之间沟通协调，找到工作内容的相通之处，即沟通协调出一致的工作目标。首先，要时刻保持与政府工作的总体方向上的目标一致。在社会救助、儿童福利、老年服务、社区治理等工作领域中，应融入资源链接、志愿服务、社区治理动员等社会工作专业方法，共同设计出既能解决基础需求、又利于发挥社会工作专业优势的一致性目标。其次，要时刻警惕社会工作专业服务目标不能被政府工作目标代替。沟通协调时，要以目标相一致为前提，而不是要求社工站完全以政府工作目标为主要任务而忽略自己的专业目的和价值所在。要将社会工作服务的目标嵌入政府工作目标，以社会工作专业方法实现政府工作目标，同时在一致性原则上设计可同步达到的社会工作的多重目标。如果用"看得见的手"来比喻"政府工作"，那么"社会工作"就是"看不见的手"。虽然社会工作这只"手"不容易被看见和发现，但只有和政府这只"看得见的手"紧紧相握，才能够良性地推进社工站建设和发展。

（三）在沟通时注重专业性技术支持

与政府工作的行政性、管理性、政策性等特性不同，社会工作具有民间性、非营利性、自治性和公益性等特征。它能够将专业化服务开展到政府难以触及的边缘地带，补缺政府工作的短板和不足；同时也能发挥专业优势，推进社区内生动力的挖掘和使用，解决政府在社区治理和社区发展工作中的难题。这些专业价值和优势，使得社工站的建设成为辅助政府工作或者公共服务落实的最佳供给主体。但是，这并不表明社工站是无所不能的完美组织。要明确社工站是当地政府在社会治理方面的合作伙伴，是查漏补缺、优势互补、互促共进的关系，而并非替代者。

在日常工作的沟通协调中，社工站一定要切记"找准自我定位"，明辨自身的价值所在是提供专业服务，不能因为专业所长就全盘否定当地政府的做法和建议。应时刻牢记"提供专业服务"的使命和本职宗旨，以专业人和专业视角讨论专业做法。要在沟通协调时以"策划者""建议者"的身份，针对当地政府的想法给予合理性的方案，说明我们"能干什么""能怎样结合""将采用什么方法""会达到什么效果"。同时，应加强自身能力建设，培养服务开展和运营管理的专业优秀人才，在必要时为当地政府提供专业的技术指导和支持，将政府的公共服务更稳妥地落实、更深入地开展，体现社工站在提供解决问题的策略和方法上的专业性与优势。此外，还要采取直接培训式或参与服务式等多种形式，为政府工作人员注入有效、高效的社会工作理念和知识，提升其工作能力和工作效能，这也是提供专业性技术支持中的重要内容之一。

（四）寻求外力协助沟通

作为舶来品的社会工作专业，在适应我国社会系统和体制的本土化落地过程中，即使是完善的发展环境也不能完全满足社会工作的完整"嫁接"。这在乡镇（街道）社工站这样的新生事物的建设上体现得尤为明显，其与当地政府的沟通协调就必然存在着不易融合的方面。众所周知，社会工作的根本目的是推动当地社会人与周边环境的和谐共生与良性互动，是具有深远影响和长远意义的考虑。但作为当地政府工作中的一部分，其更多考虑的是在短时间内照顾更多人的机会公平，这就产生了沟通协调中"药到病除"和"水滴石穿"两种不同出发点和目标，从而产生了沟通分歧。

在双方用意正确且兼顾效率与效能的情况下，关键工作是找到分歧的连接处和平衡点，建立二者的联系通道，以解决分歧和调解矛盾。在这种情况下，无论是社工站还是当地政府，都可以借助第三方的制衡力量来指导论证，例如，邀请上一级别的社会工作协会、社会工作或政府工作专家学者，对沟通不畅的情况进行指导协调，并且给予双方接受度高、操作性强的督导建议，以促进社会工作发展和政府工作的落实，从而综合考量沟通协调的推进。

在我国社会工作队伍建设高速发展的当下，社工站建设和发展依然被动地依赖政府提供的资金、物力以及合法性层面的保护，并且主动地依附政府的资源和信息来促成建设。社工站的建设及工作开展，势必与政府工作产生密切的联系和沟通协调。沟通协调的目的，是促进乡镇（街道）社工站建设与当地政府工作的步调一致，以保证社会工作探索出适合解决本土化问题的方法和路径。虽然社工站建设和发展依然存在对当地政府的被动依赖和主动依附，但沟通协调仍然是平等双向的。沟通协调的目的是寻找契合点、挖掘融合面、共同促进社会公共服务事业发展，而并非单一的要求布置和成效反馈。在沟通协调工作中，政府应转变原有的"主导"地位，给予社工站更多的让渡空间，为其搭建合理的展示舞台；而社工站也应紧抓政府工作的重点，利用好一切可利用的资源和政策，用专业的方法将政府工作做实、做细，打通基层社会治理"最后一米"，体现社会工作的专业价值和本土化变现价值，展现出社会工作可大力发展和大力支持的必要性，让沟通更有针对性，更具对实际工作的指导意义。

第二节　社工站内部的沟通协调

随着基层群众需求的个性化和差异化发展，基层社会治理和社会公共服务对专业化和高效性的更深层次的需求也越来越迫切。面对日益复杂的社会问题和需求，社工站作为弥补基层社会公共服务的短板、提升基层社会治理能力的关键力量，需要协调内部多方面的工作，以应对来自不同方面的多样化挑战。因此，建立社工站内部各要素相互协调、相互合作的沟通协调机制，不仅是加强工作统一协调、让工作人员集中发力的本质要求，也是推进社工站目标清晰、高效运转的必要条件。

一、社工站内部应建立什么样的沟通协调机制

良好的内部沟通协调机制不仅需要各要素齐抓共管、发挥合力，而且需要分工明确、有效衔接，保障内部关系网络的沟通顺畅和整体系统性的协调运转。社工站内部应建立广泛的沟通渠道，包括工作沟通、关系互通和情感沟通等，并采用不同的沟通协调方式应对不同事件，以使沟通机制的运行灵活且真正有效。

（一）以会议形式为主的沟通协调机制

社工站作为组织和机构实体，需要建立和持续推进一种较为"实体化"的沟通协调机制。这种机制是指能够在现实场合中以固定的、实际的沟通行动所表现出来的协同方式。通常情况下，社工站的"实体化"沟通协调机制包含周例会、月例会以及各种根据工作需要而召开的分析会和专项协调会、督导会等。

1. 周例会

周例会是一般的组织机构中都会设置的沟通协调机制之一，也是相对广泛且基础的沟通协调方式。周例会的内容根据召开时间的不同而有所区别，但通常以本周工作的实际开展情况和下周工作的开展计划为主要内容。周例会具有周期短、频次高的特点，有利于社工站的负责人及时传递新的工作要求和以"周"为单位的短期工作目标。各岗位的工作人员可在周例会中表述本职工作内容的同时了解其他岗位的工作计划，及时、动态、完整地掌握社工站的短期整体发展趋势。在会议中，社工站负责人应该担当起"主持人"的角色，引导所有工作人员提出在资源、人力、工作内容、工作分工等各方面的需求和期待，并讨论各方面工作难题和需要协调的部分。这些讨论有助于实现各方面工作的协调安排，促进工作高效开展。

2. 月例会

月例会作为"实体化"的沟通协调机制之一，在社工站的沟通协调工

作中起着至关重要的作用。各岗位工作人员要在会议上作月度工作汇报，充分阐述已开展工作的内容、服务成效、亮点和特色，以及存在的困难和不足等；同时，应对照与工作目标的契合度或者偏离程度进行总结归纳，并相互提出改进建议，以群策群力推动目标一致性意识的巩固。月例会作为中频次的沟通协调会议，对社工站整体工作的总结提炼和指导规划具有重要作用，是承上启下、沟通不同工作阶段的重要的节点型会议。因此，定期召开月度例会可以营造良好的沟通氛围，促进相互讨论和协助。

3. 分析会和专项协调会

在社工站的日常工作中，除了按部就班地实施和开展基本工作目标和任务外，临时加入的工作和意外事件的发生往往会打乱正常的工作计划和节奏。为了保证能够在最短时间内理解透彻这些工作和事件的本质，找准工作定位和设置配套的方法，社工站各岗位工作人员就需要共同召开分析会或者专项协调会。这样的会议是针对临时性且重要的工作开展的专项研讨和分析，其目的是以最快的速度协调各方力量，沟通各方以最佳的资源和最优化的方案投入临时性工作，以期在沟通协调中共商应对之策。虽然分析会或专项协调会展现出很强的临时性和专题性，但它们也属于"实体化"的沟通协调机制的范畴。因为越是临时性、紧迫性的工作任务，越要以实体的会议进行沟通协调，保证各岗位人员能够理解透彻并且将细节协调好，以免因沟通不畅和细节协调不准确等原因造成忙乱无序和工作错位等不良状况。

4. 督导会

作为提供社会工作专业化服务的实体机构，社工站有着比主管业务部门更加独到的视野和工作方式，它常常能渗透到政府工作容易忽略的领域，弥补在解决个别化需求上的片面性。然而，社会工作、社工站和社会工作者均非万能，在某些概念模糊不易界定、跨专业性领域强、目标多重难以划分、资源需求超出链接能力范围等众多情况下，社工站内部的沟通协调便不能发挥应有的作用。此时，就需要引进外部力量对社工站的工作进行指导和指引，这就是督导会这一沟通协调机制建设的意义。督导会，顾名思义，是对社工站的日常工作和挑战性工作进行监督、督促和指导的机制。一般是领域内的学者、专家或者实践经验丰富的人以督导员或老师的身份对社工站的挑战性工作给予指导。与上文所述的各种会议不同，督导会是以督导员的带领和引导为主，协助社工站各岗位工作人员厘清工作思路和工作步骤，找到工作突破口的沟通协调机制。它常以引领明确的阶段性目标、教授实用的方法路径为主要内容，是借助外力因素推进社工站主体和督导员客体之间沟通协调的机制，也是指导社工站从内部找到沟通机会点和协调方向，重启社工站内部沟通协调的可实施性和可持续性运作的沟通协调方式之一。

（二）非正式的沟通协调方式

除了较正式的实体化会议形式之外，社工站内部的沟通协调还可以采用非正式的沟通协调方式。非正式沟通是在非固定的场合和时间直接进行沟通和协调的方式。这种沟通方式可以是少数人的线上沟通，也可以是轻松的座谈会，其沟通对象和内容等都没有经过严密计划，因此具有较大的随机性。尽管社工站可以使用这种形式，但不能将其固化为规定性质的机制建设。

1. 非正式的在线沟通

非正式的在线沟通方式，即利用如电话、微信、短信、电子邮件等方式进行沟通和协调。在线的沟通协调方式突破了可能存在的较为复杂的科层界限，简化了沟通的程序，也简化了沟通协调时需要准备的附带性工作（如正式的协调会议需要布置会场、操持会务等工作）。它能够满足社工站的管理人员与执行人员一对一的直线式沟通和一对多、多对多的交叉式沟通等需求，是一种加强日常交流、增进细节化了解的沟通方式。由于在线沟通没有阻力，因此可以使用生活化、非程序化的语言、文字等沟通符号进行沟通，避免了传统沟通方式带来的"一两句话解释不清""程序化表述繁多琐碎"等容易造成语言环境错位的情况。网络时代快速发展带来的在线沟通方式不仅跨越了传统沟通协调的劣势鸿沟，还提升了实时沟通的效率，是促成沟通协调的有效非正式方式。

2. 非正式的谈论沟通

非正式的谈论沟通是一种广泛交流的形式，是工作人员自发组织的、就某些问题进行非正式的简易的多向交流，以寻求多方面的解决途径。这一非正式的沟通形式的优势在于，参与谈论的人员是自发加入的，是少量具有相同沟通协调目的的人群，从而在心理上转变了群体社交的思维，交流时也可根据内容不断延伸而逐渐深化。非正式的谈论沟通一般协调的是工作中的较小或较普遍性问题，是相对缺少挑战性和技术性含量、用普通方式可以顺利解决或可当场处理的问题。这种沟通方式给予沟通人员最大限度的自由空间，能够使其灵活自由地进行沟通协调，将特殊问题在谈论中具体分析，以获取适宜的行动方案。

值得注意的是，非正式的沟通协调是由工作人员以感情和动机为基础、通过各种社会关系超越了部门和层级而促成的，并非由负责人或群体共同商议以后建立起来并长期稳定存在的。因此，非正式沟通方式的最大缺点就是难以控制，要注意适当予以把握和管理，避免导致过多的小集体的产生，影响社工站内部的凝聚力和集体团结意识。

二、内部的沟通协调技巧有哪些

任何组织内部的沟通协调都可以主要分为两类：沟通事件和沟通人，乡镇（街道）社工站也不例外。有关沟通事件的机制建设前文已适量表述，此处将简要陈述社工站的人际沟通技巧。社工站的人际沟通技巧与销售沟通、公关沟通不尽相同，具有独特的方法。在社工站开展内部沟通协调的时候，为了能够符合沟通人清晰表述、沟通内容精准无误、沟通效果符合预期的要求，可尝试借鉴社会工作小组工作的沟通技巧。其实不难发现，在社工站的内部沟通中，沟通人数、沟通场景与小组工作的服务对象、服务场地等基本要素极为相似。因此，我们可以称之为"以对待服务对象的方式对待内部的沟通"，以此来改善和加强内部沟通协调。

（一）营造轻松的氛围

社工站的内部沟通面对的是日常工作及朝夕相处的伙伴，所以在使用各种沟通协调机制时，除了保证必要的内容严肃严谨之外，还应注意有社会工作的价值关怀。工作人员相互之间应以热情、饱满、专注的精神状态，营造真诚、信赖的沟通空间，烘托轻松、舒适的沟通协调氛围。

（二）倾听与积极回应

沟通协调是双向动态的过程，它在主动发出沟通要求并期望得到协调回应的动态反馈中进行。社工站的内部沟通应借鉴专业的倾听技巧，以语言或非语言的专注和肯定，为工作人员创造敢于表述、愿意沟通的自信力。认真倾听不仅可以获取同事沟通协调的重点和预料之外的信息，还可以避免信息出现偏差。同时，应给予同事同理心回应，重视同事表达的内容，并通过确认问题的侧重点作出回应。这不仅能够让同事感受到被信任和理解，还能通过回应来确定和抓准主要内容，从而更精准地给出沟通协调方案。

（三）注重沟通结果的同时注重沟通的过程

沟通是相互了解、相互磨合的过程，其基本目的是通过不断交流协调各方的工作，以达成一致性的方向和目标。与其他组织的内部沟通不同，社工站的社会工作需具有极大情怀，沟通和协调工作的过程也是表达情感和巩固情怀的过程，因此在注重沟通结果的同时要重视沟通的过程。沟通的结果是指引下一步工作方向、内容和分配的重要依据，也是沟通协调是否对工作真正发挥了作用、是否真实有效的决定性评判标准。沟通的过程中要关注同事之间的相互表达，引导大家针对问题深入沟通和交流，促进大家在相互理解的基础上融洽伙伴关系，营造积极向上、文明健康的工作氛围。良好的沟通过程有助于促进大家的认知向一致性发展，有助于推动目标的统一、集体意识的强化，以构建和运营一个统一的整体组织。

（四）清晰表达沟通协调的事件

在沟通协调的起始阶段，清晰地表述需要沟通的事件是非常重要的。沟通者或者提出建议者应明确待沟通事件，明确沟通的目的并清晰地表达。在沟通协调之前，表达者应考虑好表达意图，捋顺表达的各项内容及其逻辑顺序，归纳中心主旨，抓住关键点。在沟通协调过程中，要注意措辞清晰准确，尽可能使用双方都能理解的用词和逻辑进行表达。同时，恰当地运用肢体语言和动作对表达内容进行辅助性说明，并注意语音、语调、停顿时长等细微区别和控制，以突出表达内容的侧重点，使沟通双方能有效接收信息。此外，表达者有必要向参与沟通协调的人员讲述表达内容的背景、依据、理由等，并作出详细解释，以便其他参与者理解具体内容的成因和基础因素。

在沟通协调过程中，所有参与者应注意表达沟通时态度端正。首先，要以诚恳、谦虚的态度进行表达并且接受他人的表达，不能过度地彰显自己的见解，这样不仅会妨碍沟通协调，也会使人产生反感和厌恶心理，严重影响沟通协调的进行。其次，需要及时观察沟通参与者的态度变化，如果发现其他参与者的参与积极性和主动关注意识有所下降，就需要将目前的沟通话题适可而止或转移替换，使沟通能在良好的氛围中进行。最后，要时刻注意其他参与者的参与态度，若有人提出质疑或者给出建议，表达者应给对方参与讨论的机会，共同达成沟通协调的目标。

三、怎样处理内部矛盾

内部矛盾的形成原因在于沟通不畅带来的差异性理解，并且没有及时修正，最终导致恶化。换句话说，矛盾发生的根本原因是沟通协调出现了断层。解决内部矛盾的沟通协调方式通常是非正式的，可以从情感与社会关系的方面进行沟通，从而起到化解矛盾和修复关系的作用。因此，我们需要注意及时纠正沟通中出现的偏差，保持良好的沟通效果。

（一）非正式的面谈方式

在内部矛盾显现、同事之间的社会关系出现裂缝时，社工站的主要负责人应以调解者的身份，及时与矛盾双方进行面对面、一对一的交流，了解矛盾出现的原因，征询双方对解决矛盾的意愿和共同认可的方法。在面谈中，调解者应以修复双方关系、重塑相互信任的基础为目标，适量进行纽带式的引导，通过心理疏解弱化双方的矛盾，强化对方的歉意和诚意，积极促进矛盾双方的互相理解和互相包容，化解矛盾根源，重新建立相互包容与合作的统一体。

在面谈中，调解者要时刻保持中立的态度和清晰的头脑，认真分析敌对、矛盾、冲突心理状态下双方陈述的真实性。必要时可以借助非正式的调研向其他同事了解客观情况，以辅助调解者作出正确的判断。

（二）定期开展团建活动

开展团建活动是处理内部矛盾的方式之一。在日常的沟通协调和交流中，正式的机制占据了大多数的席位，缺乏了可以增进同事间非正式社会关系的机会。因此，在内部矛盾发生时，调解者应开展文娱、聚会、体育类等多种形式的团建活动，以营造轻松、愉快、可以敞开心扉的非正式沟通环境，增加员工之间非正式的接触与交流机会。在活动期间，调解者可以针对某些热点问题带领大家共同探讨，集中所有人的注意力和思维于一点，重塑非正式的集体氛围。通过共同话题的交流和讨论，培养大家共性和深层的心理思想，在尊重差异、尊重不同的能力素质和性格的基础上，促进人与人的沟通交流，化解因沟通不畅带来的隔阂与矛盾。

第三节　社工站与社会组织的沟通协调

乡镇（街道）社工站是开展专业社会工作服务的办事机构。在当地政府民政部门的指导下，社工站以"助人自助"的专业理念开展民政公共服务，打通民政公共服务的"最后一米"，不断增强群众的获得感、幸福感、安全感。在具体的服务过程中，社工站应与当地民政部门的主责工作保持高度一致，在社会救助、养老服务、儿童福利、社会治理、社会事务等服务领域发挥社会工作专业价值。面对基层群众的差异化问题和个性化需求，社工站需要通过评估需求，链接不同领域的专业社会组织资源，共同开展服务。因此，社工站就需要与不同领域的社会组织保持良好的沟通协调，以促成长期的、顺利的合作与共同发展。

一、社工站需要与哪些社会组织保持沟通协调

社工站与社会组织的沟通协调，旨在促进合作，以满足群众需求为主要目的，共同推动服务工作的开展。社工站应按照社会工作专业领域（如儿童及青少年社会工作、老年社会工作、妇女社会工作、社会救助社会工作、就业服务、心理健康服务、家庭社会工作、医务社会工作、学校社会

工作、企业社会工作等）与相关社会组织保持沟通协调，以推进社工站建设和发展。

（一）成长教育类社会组织

成长教育类社会组织是针对有能力提升、思想教育、健康成长等需求的人群，根据其不同年龄和所处的社会环境开展相应服务的组织，通常有儿童兴趣培训组织、成人职业教育组织等。它通过提供丰富的教育活动和教育内容，使服务对象得到思想上或者技能上的提升与发展。例如，当社工站准备以"提升勇气"为主题为青少年开展专业服务时，可与户外拓展训练相关组织沟通协调，共同开展磨砺意志的挑战性闯关活动，让青少年在活动中养成面对困难、挑战困难、击败困难的精神意志，让身心得到成长和教育。又如，针对退休人员的文娱活动需求，社工站可以通过链接艺术培训组织，为退休人员开展文娱活动进修班，传授文娱技能，丰富他们的退休生活。

（二）老年服务类社会组织

随着社会的现代化发展，社会人口结构也在发生着巨大变化。由于特殊的历史性原因，当前阶段的社会人口老龄化趋势日益严重，老年人的照护、陪伴等养老问题、老年服务需求逐渐凸显。针对这一现象和这类需求，社工站可链接老年服务类组织，为有需要的老年人提供餐饮、护理、照料、代办、精神慰藉等各项服务。例如，通过与辖区内的养老服务驿站进行沟通协调，为卧病在床、高龄或其他特殊情况的老年人（如空巢老人、失独老人）提供事项代办、物品代买、陪同就医、巡视探访、精神陪伴等服务，解决老年人日常生活中"细小事项却难办"的生活问题和需求，同时满足老年人精神需求，从物质生活和精神生活两个层面提升老年人生活质量，为老年人营造幸福、快乐的晚年生活氛围。

（三）妇女服务类社会组织

时代的不断进步和发展使原本处于弱势地位的妇女得到了全社会的关注和重视。尊重妇女的人格权利，促进广大妇女与其他群体的平等发展，是妇女工作的重要目标。妇女社会工作旨在通过服务调动妇女的参与，展现妇女在日常生产生活中不可或缺的重要力量和作用，增强妇女的生活自信，同时在社会面营造关注、关爱妇女发展的良好环境。例如，社工站根据社区内妇女的精神文化提升需求，可以与工艺品制作、插花艺术等社会服务组织沟通协调，为有需要的妇女组织学习小组和丰富闲暇生活的同时提升妇女的文化审美能力。另外，社工站还可链接专门的销售组织，为妇女的工艺产品提供销售渠道，帮助提高妇女的经济收入。这样的方式可以满足妇女的精神文化需求，同时也是激发妇女潜力、塑造其自信力和积极向上的人生态度的重要方式。

（四）医疗康复类社会组织

医疗康复类社会组织是为有保健和康复需求的人群提供服务的组织，分为普通医疗组织和康复组织两大类。一般情况下，社工站可以通过与普通医疗组织进行沟通协调，为辖区内的居民提供日常健康知识课堂、疾病预防妙招讲座、意外急救学习、爱心义诊等医疗方面的服务活动；还可以通过与普通医疗组织共同开发医疗咨询专线，为有需要的人群提供用药咨询、护理知识咨询等线上服务。针对一些身体机能有残障的特殊群体，社工站可以通过与康复机构或者企业组织等进行沟通协调，共同开发残障康复服务，以专业的手法协助残障人士进行理疗康复，同时传授日常护理知识或者提供康复建议，以促进残障人士重建正常的生活。

（五）基金会和慈善组织

社工站开展社会救助服务通常是依靠基金会或者各类慈善组织来完成的，因此要与不同的基金会及慈善组织保持沟通协调。在提供这类服务时，社工站首先应按照所链接的基金会或者慈善组织的评估标准对需要救助的人士进行综合评估，进而引进这类组织为救助人士提供资金、物品、就业机会等方面的救助服务。对于孤儿、流浪者等人群，社工站也可通过与基金会或者慈善组织合作，共同链接救助站等资源，为他们提供基础的生活救助和保障。在提供这类服务时，切忌将基金会或者慈善组织视为无限提供生活保障的机构，救助只是一时的而不是一世的；同时，也应该纠正救助对象的这种思想，鼓励他们积极地发挥所长，通过主动努力和积极劳作获取生活资源，以推动救助对象积极改变、自我发展的价值观救助和行为救助。

（六）心理服务类社会组织

个人的心理压力和心理问题，是需要社工站提供专业服务的领域之一。心理问题的发生与个人的成长经历、家庭和社会环境或自我认知障碍息息相关，需要依靠专业的心理服务类社会组织以心理学的专业角度来提供服务。因此，社工站应通过与心理服务类社会组织进行沟通协调，为前来社工站咨询心理服务的服务对象提供转介，以满足其心理解压和心理疏导的需求。同时，社工站还应认识到心理问题预防的重要性，通过与心理服务类社会组织共同策划开展心理知识教育活动，促进大家以正确的方式和心态处理自己的内心情绪，避免和预防可能出现的心理问题。

（七）法律服务类社会组织

随着依法治国的不断推进和民众法律意识的不断增强，大部分群众在面对邻里矛盾纠纷和利益冲突时会理智地选择以法律手段解决问题。为了更好地解决民众的法律问题和满足法律援助需求，社工站可以通过与法律服务类社会组织进行沟通协调，在社工站设立法律服务室，引进专业的律师为有需要的人开展法律咨询和矛盾纠纷处理服务，解决邻里矛盾，缓和邻里关系。同时，充分发挥法律服务室的宣传作用，定期为辖区内的群众开展法律知识大讲堂、案例演示和讲解，普及基础的、常用的法律知识，提升群众的法律基础，推动基层群众的法律意识的形成，促成人人知法、人人懂法、人人用法的法治型社会，推动基层社会文明治理、法治治理和现代化治理。

（八）媒体类社会组织

媒体类社会组织是社工站需要长期保持沟通协调的社会组织之一。在推动社工站建设和发展的过程中，应重视和加强宣传与推广工作。通过媒体类社会组织及时宣传社工站服务开展情况与建设经验，有助于赢得更多人关注社工站建设，进而吸引更多的资源，尤其是政策资源，从而更好地促进社工站建设。同时，社工站建设的经验和实际事例也能够为媒体类社会组织提供更多宣传素材，在一定程度上促进媒体类社会组织的发展，这是相互合作和相互提升的必然需求。

（九）其他社会工作组织

在全国推进乡镇（街道）社工站建设的背景下，各地因地制宜，根据当地社会发展情况和重点的社会问题，开发了不同的建设模式和特色的运营管理模式。加强社工站与其他社会工作组织的沟通协调，有助于了解各地社会工作发展概况，促进相互学习和交流，针对普遍性的问题进行经验分享，取长补短，助力本社工站把握发展定位和发展方向，共同促进社工站建设和社会工作服务开展。

二、怎样与社会组织保持沟通协调

（一）维持良好的社会关系

社会关系涵盖个人之间、个人与群体之间、群体与群体之间的关系。这种关系是在生产和生活中，基于共同的心理特征和恰当的社会交往频次形成的，既相互连接又相互排斥。良好的社会关系能够使处在关系网络中的对象得到其他各方的支持与帮助，是一种有利的成长环境。在社工站与其他社会组织进行沟通协调的时候，与不同的社会组织维持良好的社会关系是前提条件。首先，社工站与社会组织的负责人的个人社会关系一定要融洽，要以共性的人物特征作为人际沟通的纽带，从而奠定组织间社会关系的基础，创造组织间沟通协调的可能性。其次，在良好的人际关系的基础上，双方需要根据互补性的需求、态度的相似性和距离等因素来不断强化双方的特征共性、目的共性和理念共性，从而营造并维持以"共同"为基础的组织间的良好的社会关系。

（二）以制度性文件保障沟通协调

在维持良好的社会关系的基础之上，社工站与各方社会组织便可以开始沟通协调工作。沟通协调的基本内容是围绕社工站的社会救助、养老服务、儿童福利、社会治理、社会事务等服务领域，如何与专业的社会组织进行合作，共同为服务对象开展专业化服务。与社工站和当地政府及社工站内部的沟通协调不同，社工站与社会组织之间的沟通协调带有一定的利益性，是为了实现基础的社会关系之上的利益最大化。因此，社工站与社会组织之间的关系并非一个整体，而是由单独的个体在优势互补的前提下组合成的工作联合体，以满足共同发展的需要。每个社会组织都有一套自己的运行和管理模式，社工站与它们的沟通协调一般只是建立在工作所需之上的，并没有明确的以社工站为主体的组织架构和管理体系。进而说明，社工站与社会组织之间的沟通协调，是相对松散且缺乏制度性建设的，属于普通的合作关系。

在这种情况下，社工站如果想要与社会组织保持长久且高效的沟通协调，就必须建立制度性文件。所谓制度性文件，是以合作协议或者服务购买合同为基础，包含服务内容、服务标准、服务考核、服务经费、管理制度、运行组织架构等所有内容，能够保证各种带有法律效力、带有规范作用的文件体系，是沟通协调正常化和不间断进行的有力保障。在制度性文件建设和使用中，双方只有以最稳定的关系进行合作沟通和协调，才能确保以同样的目的为服务对象开展专业服务。

（三）以互利共赢的合作为沟通协调的基础

社工站是为辖区内有需要的人提供社会工作专业服务的组织机构。由于群众需求的多样化和差异化，社工站有时无法以自身力量来满足群众的各项需求，这时就需要利用社工站的资源链接优势，链接各种能够提供专业服务的社会组织来完成各项工作。可见，社工站与社会组织之间是一种出于完成共同目标的合作关系。因此，社工站在与各类社会组织沟通协调时，要以促成合作为最终的目的和归宿。作为社会组织之一的社工站，其服务内容具有公益性和慈善性，是国家的一种社会福利设置，因此在与部分营利性社会组织沟通协调时，需要考虑合作基础的合理设置。首先，要通过沟通协调明确该社会组织是否有意愿解决基层的困难或者服务有需要的群众，了解其愿意开展服务的根本动机。其次，根据其动机和目的，与社会组织沟通协调出互利共赢的合作内容。对于社工站而言，互利共赢赢得的一般是群众的认可和品牌力量，这有助于社工站建设和发展。而对于其他的社会组织，互利共赢赢得的是经济效益和社会效益。赢得经济效益，是指社会组织通过服务有需要的人得到经济上的盈利；赢得社会效益，是指社会组织为了承担部分社会责任和道义，义务为有需要的人服务，并赢得社会影响力。不同的社会组织，与社工站沟通合作的目的也不尽相同。因此，为了能够更好地与它们进行沟通协调，社工站一定要与之建立互利共赢的合作基础，以确保双方之间的沟通协调是有意义和有效的，从而以牢固的合作基础和稳定的合作目标推进社工站与不同社会组织的共同建设和服务。

第四节　社工站与社区志愿者组织的沟通协调

随着我国基层社会治理体系与治理能力现代化进程的加速推进，中共中央、国务院印发《关于加强基层治理体系和治理能力现代化建设的意见》。其中明确指出，要"完善社会力量参与基层治理激励政策，创新社区与社会组织、社会工作者、社区志愿者、社会慈善资源的联动机制"。这为建设各类组织积极助力、基层群众广泛参与的基层社会治理体系提出了新的要求和期望，即建设社区与社会组织、社会工作者、社区志愿者、社会慈善资源之间的"五社联动"协调机制，拓宽基层社会治理参与渠道、优化基层社会治理参与模式，是提高公共服务质量、共同治理社会公共事务的必然要求。

为提高基层社会公共服务专业化水平，推进"五社联动"机制建设，全国广泛推进乡镇（街道）社工站建设和发展，将社会工作力量投入基层治理工作，不断优化和创新基层治理模式；同时调动社区志愿服务力量，建设基层志愿者组织，进而挖掘社区慈善资源，最终形成"五社联动"的社区治理新合力。

一、社工站与社区志愿者组织的关系

（一）社工站建立并管理着社区志愿者组织

当前，我国社区承接了政府不同部门的下沉业务，工作量与日俱增，很难完全照顾到广大群众的所有需求。此时，国家大力推进乡镇（街道）社工站建设，借助社会工作专业力量和"助人自助""增权赋能"的职业技能，为社区治理和管理创新带来了新型的方法和路径。社工站和社会工

作者并不能取代村（居）委会和社区干部，也不是协助村（居）委会完成日常工作的小助手，而是以第三方的公益身份为基层治理工作注入新的专业方法。在开展各类服务时，社工站和社会工作者秉持"动员"的工作方法，积极挖掘基层志愿骨干力量，建立社区志愿者组织，并充分发挥志愿服务力量在社区治理工作中的作用。因此，社区志愿者组织是参与社区治理、为社区提供志愿服务的社区组织之一，是由社工站通过日常服务挖掘的志愿服务骨干共同组成的。社工站通过建立社区志愿者组织，为社区提供更专业化的服务。同时，加强对志愿者的培训，培育其主动参与意识、志愿服务意识、自我管理和自我发展意识，形成社区治理的可靠队伍，为社区治理注入新的能量。

在社区志愿者组织的建设和发展初期，社工站还兼顾着社区志愿者组织的管理工作，包含组织内的文化内涵建设、人员分工和责任分配、管理制度制定和使用、团队凝聚力建设、志愿服务技能培训等内容。社工站通过服务活动和培训活动，逐渐为社区志愿者组织赋能，使其成为一支能够以自身能力和方法协助社区干部进行社区治理的人才力量。

（二）社区志愿者组织协助社工站开展工作

由于社工站人员配置不足，与当地居民没有熟络的人际关系，加之对当地人文、地理环境的陌生，很难将专业化的服务推展到每一位社区居民，因此，社工站需要借助社区志愿者组织的力量，协助社工站开展专业服务。

一方面，社区志愿者组织可以协助社工站进行服务活动方案策划。要想将社会工作专业服务及民政工作落实到群众中的"最后一米"，最关键的是密切贴合群众需求。作为"外来人"的社工站，初来乍到，不一定能透彻地分析明了社区的群众需求和社会关系，很容易使服务活动与群众所需脱节；而社区志愿者作为本社区的志愿服务骨干，对社区情况了如指掌，可以在服务活动方案策划时给予社工站基础信息支持，帮助社工站策划出既包含专业性又符合当地文化特色的服务活动。

另一方面，社区志愿者组织可以协助社工站开展专业化服务。社工站的服务计划和服务方案最终是要落实到有需要的群众中的，其中最重要的是要有人来实施和落实。一般情况下，社区志愿者组织作为社区治理的主体之一，承担着服务活动具体开展的执行者角色；同时，社区志愿者组织以众人之力服务众人，是社工站开展服务活动及社区干部进行治理工作的有力抓手和帮手。

社工站与社区志愿者组织的关系，是引领与被引领的关系。社工站不是社区志愿者组织的上级管理单位，社区志愿者组织也不是社工站的隶属执行机构，二者在某种程度上是相互独立的完整个体。作为有专业知识和方法的社工站，只能在社区志愿者组织的建设和发展中提供技术性的支持和价值观念的引导；社区志愿者组织也应该主动地进行独立思考，通过社工站的引领和协助，明确自身发展方向和对于本社区的价值，以主人翁的角色定位来考虑"自家事"，在服务活动中自我发展和提升。

二、怎样统筹管理社区志愿者组织

（一）完善制度，规范组织管理

管理社区志愿者组织，首先需要制定好管理制度。由于志愿者组织具有无偿性和奉献性的特殊性质，其管理制度也与一般的企业等管理制度不同。一般而言，志愿者组织的管理制度主要由人员管理制度、服务活动开展标准、沟通协调机制等组成，涉及"管人"和"管事"方面的基本制度。虽然制度较少，但它们是规范志愿者组织发展和基础管理的依据，每位志愿者都应该认真遵守。这些制度性文件具有道德约束力，从某种意义上说，也具有一定的"民间自治"效力。

（二）选拔精神领袖，促进自我管理

社区志愿者组织的建立与培育是以主动参与社区治理和发展为目标的社区组织，最终它需要由社区进行自我管理。因此，社工站在日常服务活动开展过程中，要注意社区志愿者组织中的骨干人员或精神领袖的发掘和培养，使他们成为能够独立管理志愿者组织并以主体的身份参与和开展活动的管理型人才。选拔精神领袖，促进自我管理，是社区志愿者组织发展过程中的重要工作，也是培养自我管理意识的必经之路。

（三）增权赋能，激发自我发展潜力

社区志愿者组织内除了领袖需要有自我管理和发展意识之外，其余志愿者也要具备相应的自我发展能力。在日常服务活动中，社工站应视情况逐渐下放决策权、控制权和管理权，赋予社区志愿者组织内的每个成员自我决策、自我管理和自我发展的权利，以激发大家的管理和服务潜力；同时，引领有潜力的志愿者逐渐参与社区商事议事工作，从更高的层面和更宏观的角度为社区治理建言献策，使其真正成为社区治理的储备型人才。

三、与社区志愿者组织的沟通协调有哪些方法和技巧

社工站与社区志愿者组织作为社会基层服务的重要资源，二者的协调合作与共同发展有利于回应基层群众的生活需求。以服务基层群众的多种需求为出发点，乡镇（街道）应协助社区组建以居民为主体的社区志愿者组织，协同社工站开展多样的社区志愿服务，协助村（居）委会解决社区治理问题，共同推动和谐社区建设。而要达到这些预期效果，需要社工站与社区志愿者组织之间建立良好的沟通机制。

（一）建立组织，增进沟通关系

在日常工作中，社工站需要根据工作计划和工作开展需要，为社区建立一支或多支社区志愿者组织，以协助社工站、社区干部开展服务活动，并使它们成为社区治理新模式下的基础力量。同时，要规范组织名称、服装、标识等，加深志愿者对组织的初始印象，加强组织的团队意识，更好地推进组织建设。另外，社工站应保持与社区志愿者组织的时刻交流与沟通，以入户拜访、个别调研的形式，了解志愿者参与服务的出发点和动机，与志愿者就服务内容进行设想，增进社会工作者与志愿者之间的信任，建立稳定的专业关系。当然，在社区志愿者组织成立初期，提升每名志愿者的专业技能是非常必要的，社工站应通过组织集体培训学习、分享工作坊等形式，促进大家在学习中相互认识、相互支持，这是保证双方活跃沟通、良性沟通的基础。

（二）共同服务，加强日常沟通

社工站可在双方相互了解、处于稳定的信任状态时，发挥社工站的引

领者角色和作用，通过开展服务活动促进与社区志愿者组织的日常沟通。例如，在活动开始前，社工站可以召集志愿者开展筹备会议，让志愿者们共同出谋划策，商议活动流程安排，进行"输出式沟通"；在活动过程中，社工站要积极协调志愿者们各司其职，鼓励大家发现实时问题，并引导大家在活动中以自己的方式动态解决问题，进行"实时动态式"沟通；在活动结束后，社工站应带领大家进行总结和复盘，提炼活动经验、找寻工作不足、分享工作心得和技巧，进行"输入式沟通"。开展共同服务，一方面增加了双方的日常沟通频次，让沟通协调常态化；另一方面也使志愿者在和社工站的不断沟通中，受到潜移默化的价值观念影响，以更好地引领志愿者们形成自主意识、主体意识和责任意识。

（三）开展培训，促进专业沟通

社工站要定期为志愿者们开展月例会、工作坊、专题培训、座谈会等培训活动，分享社会工作和志愿服务的专业价值理念、工作原则、实务技巧和活动经验等。培训活动可以以正式的方式开展，也可以以游学的方式进行，边学边进行团队建设，寓教于乐，在培训中促进社工站与志愿者的专业性沟通，促进社区志愿者组织专业化、规范化发展，为后期协同开展志愿服务打下专业化基础。

（四）以评促建，进行激励式沟通

对志愿者和社区志愿者组织进行评价激励，是促进相互沟通和相互认可的较好方式。社工站可以以季度、半年度或年度为单位，从志愿服务成效、服务对象的改变和服务对象满意度等方面对志愿者的表现进行评估，对表现突出的骨干志愿者进行表彰，激励更多志愿者参与志愿服务。社区志愿者组织支持社工站的工作开展，是基于信任和认可；社工站对志愿者进行表彰鼓励，也是基于对志愿者的信任和认可。在双方互信、互相认可的基础上，沟通协调才会变得更加顺畅和高效。

第4章

社工站后勤支持

后勤工作是为各单位职能活动正常进行而提供的以服务为主要目的的工作。搞好后勤管理工作可以使人、财、物得以充分有效地利用，进而充分发挥、调动人的主观能动作用，提高资金使用效率和物资设备的使用潜力，做到"人尽其才、财尽其用、物尽其力"，为职能工作提供高效的服务。社工站的良性运营离不开后勤工作的支持，因此，社工站必须制定出适合自己的后勤管理制度。

第一节　社工站的内务与外业

一、社工站人员应该如何着装

社工站的工作人员在服务的各种公众场合，应穿着工作服、佩戴工作证，既能体现社会工作者的身份，又可起到宣传的作用。统一的服装让社会工作者看上去更加专业，展现了社会工作者的气质，同时也增加了群众的信赖感。具体做法如下：

一是站内人员穿着及修饰应稳重大方、整齐清爽、干净利落、整洁完好、协调悦目、符合季节。

二是站内人员在工作时间原则上应着工服，有特殊服务需求的除外。外出可根据实际需求合理着装。

三是工作时间禁止穿着领口过低，裙、裤过短的服装，禁止赤脚或穿拖鞋。

四是女性员工可化淡妆，但禁止当众化妆及佩戴过多的饰品；外出服务禁止穿高跟鞋、拖鞋等。

二、人员考勤怎样管理

在社工站的考勤管理过程中，规范化管理是对社会工作者管理的重要途径。考勤管理工作在企业管理中也是重中之重，因此，必须建立科学有效的考勤休假管理制度。

社工站内可以成立后勤综合部来负责管理考勤工作，负责全体社会工作者考勤表的收集和汇总，不定期检查社会工作者的考勤情况，按规定审批社会工作者的休假，对违反制度的社会工作者提出惩处意见。社会工作者的考勤按日进行，月末汇总，并由后勤综合部定期向社会工作者们公布。具体人员考勤休假制度可视社工站具体情况制定，示例如下。

（一）出勤

可实行每周 5 天工作制，每天工作 8 小时，用餐及休息时间不计入工作时间。社工站如有另外规定，站内人员须严格遵循。

严格实行考勤制度，上岗社会工作者须严格遵循社工站的纪律，上下班准时、不迟到、不早退。

社工站定期举行分享会、专业培训和其他活动，站内人员须按时参加。如有特殊情况需要请假的，须按请假流程提交请假申请表，否则将按旷工处理。

社会工作者在享受国家法定假期时（如婚假、产假等），必须按相关流程报社工站批准，否则将按旷工处理。

凡属下列情况之一者，均视为旷工：未请假或未经批准而不上班者；请假期满未续假或未经批准而逾期不到岗者；工作时间内擅自离开岗位者；无故缺席社工站月例会或培训活动者。

元旦、春节、清明节、国际劳动节、端午节、中秋节、国庆节以及劳动法规定的相关休假日为带薪节假日，具体休假时间以各社工站根据政府规定安排或者发布通知为准。

（二）请休假

非紧急情况下，社会工作者须提前在社工站领取或在社工站的网站下载并填写请休假申请表，注明休假种类、休假时间，经站内领导签字和站内负责人批准，并交接完工作后方可离开工作岗位，否则按旷工论处。请休假申请表交督导助理临时保管，督导助理须于月底前将所有请休假申请表交回站内后勤综合部汇总及备案。

因情况紧急事先无法办理请休假手续的，须及时以电话或传真等形式联系督导助理报备，以便做好后续工作安排，并于事后补办请休假手续，最迟不得超过当月月底。

请休假批准权限：1 天之内的需经督导助理批准，1~2 天的需由后勤综合部批准，3~6 天的需站内主任批准，7 天以上的需站内总干事批准；请休假需要逐级向上申请批准。后勤综合部对社会工作者的各种请休假情况要详细记录及备案，较长假期须预留一定时间来安排工作交接，以确保工作的连续性。

1. 事假

（1）按事假制度相关流程办理事假手续。

（2）原则上每次请事假不得连续超过 5 天，每年累计不超过 16 天。

（3）事假期间不带薪，按日计扣除工资。

2. 病假

（1）站内工作人员请病假，应当提交医疗保险定点医院出具的病休证明、病情记录和医药费用单。如未能提供有效医院证明，将按事假处理。

（2）病假期间享受基本工资待遇。当月病假扣款后工资低于当地最低工资标准的，则按最低工资标准发放当月工资。

（3）病假时间不能用加班时间来冲抵。

3. 工伤假

工伤事故休假及其方式，参照《工伤保险条例》规定执行。

4. 婚假

（1）婚假为带薪假，休假期间视为正常出勤。

（2）休假须提供结婚证原件和复印件，以便查验及存档备查。

（3）法定结婚年龄（女 20 周岁，男 22 周岁）可享有 3 个工作日的婚假；符合晚婚年龄（女 23 周岁，男 25 周岁）可享有 13 个工作日的婚假。

（4）婚假须在领取结婚证之日起 3 个月内享用；如因工作原因未能及时休完假期，经站内总干事批准，可以延长至 6 个月内享用。

5. 产假

（1）产假期间正常发放薪酬，或根据相关法律法规的规定执行。

（2）休产假须提供区县级以上医院出具的出生证明原件及复印件以备查验和存档备查。

（3）女员工产假为 98 天，其中产前休假 15 天；多胞胎生育，每多育一名婴儿，增加产假 15 天；难产的增加产假 15 天。

（4）产假为日历天数，遇节假日不顺延。

（5）女员工怀孕流产时，视不同情况根据医院证明给予相应的产假 15 天至 42 天。

（6）女员工在婴儿出生 1 周岁内，每天有两次哺乳时间，每次 30 分钟，可合并一次使用，不能存休。

（7）男员工在妻子晚育且生育第一胎的情况下陪产假为 15 天，陪产假应在婴儿出生之日起 1 个月内休完，不延期。

6. 丧假

因直系亲属（父母、配偶、子女以及岳父母或公婆）去世，可享有 3 个工作日的丧假，丧假期间视作正常出勤计薪。

7. 年休假

站内工作人员工作满一定年限，可享受不同长度的年休假。休年假期间正常发放薪酬。

（1）累计工作满 1 年不满 10 年的，年休假 5 天；已满 10 年不满 20 年的，年休假 10 天；已满 20 年的，年休假 15 天。

（2）若因工作需要，要求社会工作者不休年假的，按照日工资收入的 300% 支付年休假期间的工资报酬。

（3）国家法定休假日、休息日不计入年休假的假期。

（4）每年的年休假应在次年的 3 月 31 日前休完，未用完的年休假将视为自动放弃。

（5）社会工作者离职时，未休完的年休假视为自动放弃，不得要求折现补偿。

（6）兼职人员和实习人员不享受年休假政策。

（7）年休假可优先冲抵事假。

（8）员工有下列情况之一者，不享受当年的年休假：

①员工依法享受寒暑假，其休假天数多于年休假天数的；

②员工请事假累计 20 天以上且单位按照规定不扣工资的；

③累计工作满 1 年不满 10 年的员工，请病假累计 2 个月以上的；

④累计工作满 10 年不满 20 年的员工，请病假累计 3 个月以上的；

⑤累计工作满 20 年以上的员工，请病假累计 4 个月以上的。

8. 销假

结束假期，须及时办理销假手续。

（三）加班与换休

1. 加班

（1）为确保站内员工的身体健康，应控制加班时间。当日工作应尽量在正常工作时间内完成，若由于实际工作的需要，晚上安排工作或者给工作日安排工作 1 小时以上算作加班。

（2）因站内工作安排需要加班者，依实际情况，应至少提前半天填好加班单并由机构负责人签字同意方可以加班。确认后加班单交由督导助理保管。

（3）因用工单位工作需要加班者，依实际情况，填写加班单交用工单位领导签字确认后交督导助理。若用人单位决定支付加班补贴，则须经用人单位领导批准并在加班单上注明，由用人单位按其制度支付加班补贴。

（4）加班时间计算方法：

周一至周五：1 小时实际加班时间＝1.5 小时正常工作时间。

周六至周日：1 小时实际加班时间＝2 小时正常工作时间。

法定节假日：1 小时实际加班时间＝3 小时正常工作时间。

加班时间可以兑现加班费，也可以换休，具体换休办法以换休条款中规定为准。

2. 换休

（1）员工的加班时间一般安排换休。

（2）加班和换休时间可以累计，但除特殊原因一个月换休不能超过5天或40个工作时。在提出要求换休的休假情况下，需将相应的加班单原件贴置于休假单背后。

（3）支付加班工资的加班时间不得安排补休。

（4）加班单和休假单须妥善保管，若有遗失的情况，且社工站因实际原因不予补办，则此实际加班时间或休假时间不被承认。

（5）督导助理在换休的休假单上签字，即表示收到相应的加班单原件。每月末督导助理将所有员工的加班单和休假单交到后勤综合部。

（6）换休以一个季度为周期，本季度的加班时间不可累计到下一个季度。

（四）惩处

迟到或早退1次者（每次以30分钟为上限），给予通报批评，扣罚30元。

迟到或早退2次者（每次以30分钟为上限），或迟到早退1次达半小时及以上者，均按旷工半天处理。

累计旷工1天及以上者，按以下规定处罚：旷工1天者，扣发日工资的200%；旷工2天者，给予行政记过处分，扣发2天工资的200%；当月累计旷工3天者，按自动离职处理。

（五）岗位协调

在岗社会工作者提出离职申请，社工站将派遣其他合适的社工补充，保证所需岗位不空缺。

在岗社工因请假而造成岗位暂时空缺，社工站将派遣其他专业人员去临时协助该岗位的工作，保证该岗位工作不中断。

用人单位临时需要增加相关社会工作者人手时，社工站经过评估可以派遣符合用人单位要求的相应专业人员来满足用人单位的临时需求。

（六）社会工作者外出工作、参加督导、外展、培训等情况说明

1. 外出工作

工作期间社会工作者需要外出做家访、进行个案辅导、开展小组工作以及举行社区活动的，应先向用人单位申请并经同意，并协调好本岗位的工作安排。外出时，要严格按用人单位的相关要求办理相关手续。

2. 参加督导

社会工作者应提前告知用人单位，征得用人单位的理解和支持，并安排好当天的工作。

3. 外展

社工站鼓励社会工作者开展适当的外展活动，以提高社会工作者的实务能力。但是，社会工作者要事先与用人单位协调，征得用人单位同意，并以不影响其岗位工作为前提。

4. 培训

定期为社会工作者安排相关的培训活动，以此提升社会工作者专业知识与自我建设能力，培训计划和时间要事先告知用人单位并取得用人单位的同意。

三、站内卫生怎样保持

室内卫生要保持窗明、壁净、无尘、无蛛网，地无痰迹、无杂物，无蚊蝇、无悬挂物。

室外卫生做到无杂草、无积水、无垃圾，不随地吐痰，不乱扔纸屑、果皮、烟头，有计划地搞好绿化、美化环境。

每天要开窗通风，每天打扫一次，保证工位整洁，地面无杂物；体现社会工作的标牌、制度墙要设置在明显的位置，并保持干净无污渍。

社工站根据社会工作者人数，设置值日表，实行每周一大扫、每天三小扫（工位、公共区）的卫生制度，并做好持续工作。

四、日常物资怎样妥善归纳

物资购买需要有计划，并经领导审批。固定资产需要登记在册，对因管理不善等人为因素造成的损害、丢失的固定资产要查清原因，根据不同情况进行赔偿和处理，办理报损手续，自然损坏的则可不必填写；其他物资需要登记在册，分类管理，堆放整齐，分别挂牌标识。物资入库单、领取单如表4-1、表4-2所示。

表4-1　物资入库单

序号	名称	数量	单价	入库日期	购买人	负责人

表4-2　物资领取单

序号	名称	数量	领取日期	领取人

五、外业任务怎样安全、高效地完成

社工站在接到外业任务时，应先从社工站自身能力的角度出发，评估任务是否在自己的能力范围之内再决定接受与否，这样可以避免因自身能力不足而造成效率低下、耽误时间。

在确定接受外业任务后，社工站应立刻召开会议商讨项目服务方案，并选出最适合的督导者和社会工作者来负责此次的外业服务项目，确保外业任务可以安全、高效地完成。

对于出外业任务的社会工作者要在生活和工作上给予关心和帮助，如实际情况允许，可由社工站经验丰富的社会工作者带领其进行首次对接，妥善安排交通、住宿、用餐、安全等。可建立同辈间的微信互助群，对于外业任务中遇到的问题进行实时交流，并及时给予情感上的支持。

第二节　社工站的档案管理

一、档案怎样整理和保管

档案是指过去和现在的机关、团体、企业事业单位和其他组织以及个人从事经济、政治、文化、社会、生态文明、军事、外事、科技等方面活动直接形成的对国家和社会有保存价值的文字、图表、声像等不同形式的历史记录。社工站档案包括但不限于工作人员档案、服务对象档案、社区社会组织档案、项目资料和项目活动所产生的其他行政文档、工作报告以及社会组织资质备案、培育材料等。

（一）档案整理工作

1. 注重档案整理工作的规范性

制定完善的档案管理制度，严格按照制度的相关规定整理档案，保证档案的完整性和准确性，对整理后的档案进行及时归档处理。在整理过程中，对出现问题的档案资料应进行修改和补充，促进档案整理工作的完善

性。社会工作机构档案整理工作主要包括编目以及分类：分类是整个档案整理工作中的核心部分；编目是根据档案资料的时间、来源以及具体内容对档案进行区分，以便更好地完善档案整理系统。对档案资料区分之后，还需要在档案封面具体标注。

2. 加强档案整理人员专业素质

档案整理人员应定期地进行档案整理工作的专业知识培训，提高自身的专业整理档案水平。

3. 运用科学先进的技术

对档案整理工作应采用科学先进的技术来完成，改变以往单纯运用纸质档案的整理形式，促进档案整理信息化，建立电子档案整理系统。加强档案整理人员的电脑操作能力，提高档案整理工作的技术水平。

（二）档案保管工作

保证档案的真实完整性是保管工作的重要任务之一。档案保管工作主要是对档案资料进行保护，确保档案资料的安全，延长保管时间，方便相关人员对档案资料进行利用。

1. 档案库房的选择

社工站如果要单独设立档案资料存储库房，需要按照相关规范制度合理地对库房进行选址，尽量避免选择在有易燃、易爆物品的区域，尽量不要选择靠近街道或者离人员密集的公共场所较近的地方。在对楼层进行选择时，尽量不要选择顶层或者一层。顶层采光比较好，会让夏季屋内温度过高，也可能会出现屋顶漏雨的现象；一层存在安全隐患，屋内比较潮湿，对档案资料的保管会造成很大影响。

2. 档案装具的选择

按照档案资料保管的要求和档案资料的特点合理地选择案卷柜、档案卷盒、卷夹、卷皮等。档案装具尽量不要选择易燃性较高的材料，首选是金属材质的装具，其次是木质以及塑料材质。档案柜有五节分体式档案柜和通体式档案柜两种类型，需要根据保管档案的具体要求，选择适合的档案柜。

3. 档案日常保管工作

档案柜排列完成以后，需要对档案柜进行贴顺序号的工作，还要设计出档案存放的平面设计图，提高查找档案的速度。对档案的借阅以及临时调动，需要对使用去向进行记录。对于接收的新档案，入库前需要进行仔细检查，发现任何问题需要处理完后再入库。保管人员进行交接工作时，要对档案数量进行核查，明确双方责任。档案库房要时刻保持整洁卫生，保管人员不允许在档案库房内吃任何食物。要严格控制好档案库房用水、用电情况，需要定期地进行检查。南方地区比较潮湿，所以档案库房不要安装自来水装置，避免增加档案库房的湿度。

档案保管工作不仅仅是对档案进行保护，还要进一步提高档案的利用价值，体现档案保管工作的意义。

二、档案怎样开发和运用

归档资料包括以文字、数据、照片、视频等方式记载信息的纸质、光盘等各类物品，如走访入户记录、个案服务记录、小组工作记录、活动记录、活动照片、签到表、合作协议、专家资料、行政会议资料、宣传资料以及财务资料等。

工作记录要坚持随时发生、随时记录、随时归档，做好服务记录留痕工作。

建立项目专卷，规范项目资料管理，汇集整理项目资料，妥善保管、有序存放，留存全部文件资料备查，严防毁损、散失和泄密。

按照一定的编目、顺序将档案分类存放管理。如项目档案的编码组成方式可以是：项目档案年份缩写+项目活动名称缩写+服务名称缩写。组成档案具体资料的文件编号应从 01 开始。

所有档案必须统一放在相应档案盒内和档案柜中，按要求保持室内温湿度，做好防火、防盗等工作，不得将档案带离工作室。

做好档案的保密工作，档案资料不随意外借，无关人员未经同意不得随意查看。

对已期满的档案，应经鉴定小组审核后实施销毁，并制作销毁清册。

三、怎样及时销毁或移交档案

（一）怎样及时销毁档案

随着社会的发展和时间的推移，档案的数量越来越多，档案的价值和密级也随之发生变化。有些档案价值增高，有些档案价值降低，有些档案失去了保存价值，有些档案则失去保密时效性，所有这些都要求档案工作人员必须及时进行档案鉴定与销毁工作。

1. 建立专门的档案管理机构

社工站应成立专门的档案信息鉴定销毁机构，并指派专业人员负责此项工作。管理层应加大对档案鉴定工作的重视力度，加强监督，明确档案鉴定销毁中各个环节的工作人员的责任和义务，保证鉴定销毁工作流程的科学性与合理性。对于档案馆存放的档案，应进行定期的鉴定处理。对于鉴定完成的档案，要进行及时销毁。同时，还应该将鉴定销毁工作纳入内控制度，并按照相关流程进行过期档案的销毁工作。档案管理部门的工作人员在进行档案的鉴定销毁工作时，一定要具备认真负责的工作态度，严格遵守档案鉴定的相关技术规范，保证工作任务的顺利完成。

2. 建立健全档案评价体系

建立科学的档案信息价值鉴定体系，是工作人员做好档案鉴定销毁工作的重要保障。作为档案管理部门工作人员，不能只会沿用传统的标准，按照保管期限进行鉴定销毁，还应该学会根据实际情况和档案的存放价值进行鉴定销毁。必须根据实际发展情况，充分考虑到各部门的意见，制定科学的档案鉴定体系，认真鉴定每份档案，以避免档案鉴定事故的发生，为社工站发展提供有力的档案支持。

3. 提高档案管理人员素质

档案管理人员的素质是做好档案鉴定工作的关键。随着档案数量种类的增加和记录手段的改进，档案管理人员必须具有较高的文化素养和职业道德，熟知经济、法律等方面的基础知识，熟练掌握计算机及英语，深入理解档案的理论与政策，热爱档案事业。只有具备一定技能的档案工作者，才能对档案的价值作出较为准确、公正、客观的评判，将鉴定误差降到最低程度，使真正有价值的档案得到妥善保管，发挥其应有的作用。档案管理人员要加强理论研究，深入探讨各类档案的价值及保管期限，并制定切实可行的文件和档案价值鉴定依据。同时，还应制定详细的各级各类档案保管期限表，为基层的文书档案人员提供操作性较强的政策和依据。

（二）怎样及时移交档案

随着社工站的不断发展和员工的岗位变动，需要及时完成档案移交工作。档案管理人员应秉承积极认真的工作态度，以确保安全、高效地完成档案移交工作。

四、销毁或移交档案的流程是什么

（一）销毁档案的流程

一是编制销毁清册。编制销毁清册是日后查找档案销毁情况的凭据。销毁清册的封面需设置全宗号、销毁档案的数量、鉴定小组负责人的签字及时间、批准人的签字及时间、两个监销人的签字及销毁时间等项目。档案销毁登记表要设置序号、文件题名、所属年度、档号、应保管期限、已保管期限、文件页数、备注等栏目，准确揭示每一份销毁文件的内容和成分，以便日后审查。

二是撰写鉴定报告，提出销毁意见。报告中需对销毁档案的数量及内容作简要介绍，并提出销毁意见、陈述销毁原因。

三是分管负责人审批。

四是未批准销毁的档案，应继续保存。情况特殊的专门档案，销毁时还要遵照有关规定执行。如会计档案的销毁工作，要按照财政部和国家档案局联合发布的《会计档案管理办法》执行。

（二）移交档案的流程

一是编制移交目录。制作归档文件目录或案卷目录一式三份，交移交部门、接收部门各一份，另一份留存在档案盒内。移交目录应附有移交备考表，内容包括档案盒总数、移交人、接收人、交接时间等项目。

二是查验归档案卷。在移交档案时，档案管理部门要对案卷进行严格检查。一方面要检查案卷质量，看是否符合归档文件整理的原则、要求，是否反映了卷内文件特征，盒内文件是否有损坏、装订是否整齐，等等；另一方面要检查案卷内文件的数量，与移交目录内所列的数量是否吻合，盒内文件件数或卷内文件页数是否与案卷封面所填写的数目相一致。

三是办理移交手续。文件的案卷检查完毕后，对符合要求的案卷可以办理具体移交手续。具体移交时，交接双方各执一份移交目录，核对无误后，双方均应在三份移交目录和移交备考表上签字。

为避免返工、浪费时间和增加工作量，提高档案管理的效率，建议有条件的社工站使用档案管理软件管理档案，以便在日常工作中能随时核对，有问题能够及时发现和纠正。

第三节　社工站的风险与压力管理

一、社工站管理和运营存在哪些风险

任何行业在管理、运营和发展中都会面临风险，社工站也不例外。社工站在运营管理中既面临自身内部成员带来的风险和挑战，也面临来自服务对象、合作伙伴、社会环境和政策因素等方面带来的风险和挑战。小到一个场地、一次服务活动，大到涉及服务对象的权益保护和整个项目运营，都需要社工站考量其中的服务风险和安全保障等问题。

（一）社工站自身的风险

社工站自身的风险是指社工站及站内从业人员在社会工作服务的过程中产生和面临的风险，如内部安全风险、财务混乱风险、从业人员违规违法风险等。社工站内可能会存在从业人员不能对社工站的运行产生积极推动作用的情况，原因可能是一部分工作人员现有的实务技能水平、心理素质和抗逆力无法完全胜任项目的要求，产生了"志愿失灵"的现象；也可能是社工站无法给从业人员提供具有竞争力的薪资，难以吸引专业人员的参与，因而影响社工站的运作成效和项目实施效果。此外，社工站的功能定位模糊不清、服务内容边界不清也会使得社工站的运行陷入既"无用"又"无权"的困局,进而降低服务效能,给社工站的运营发展带来未知的风险。

(二)服务环境的风险

服务环境的风险包括社工站所处的社区环境、办公场地、服务场地、服务设施等方面带来的潜在安全问题和风险,如用电、摔伤、火灾、雷电等风险。

(三)服务对象管理风险

服务对象管理风险是指社会工作的服务对象及其家人在接受服务活动过程中,给社工站及其从业人员带来的风险。如服务对象有不合道德、法律规范的行为和要求,由此可能导致社会工作者、社工站面临自身权益受损的风险。

(四)资源整合的风险

在社会工作服务的过程中,掌握最多资源者对于组织的运作与决策具有最大的影响力,这使得社工站本身缺乏发言权,对投资基金会等产生依赖性,受到权力的支配。社工站开展一些远远溢出专业范畴的服务,且在服务过程中经常被其他部门牵着鼻子走,专业地位可替代性过强,这些都会给社工站带来风险。此外,与社工站合作的单位或个人也会给社工站带来风险,如社工站在整合、利用社会资源过程中,容易被商业机构利用,产生服务对象信息泄露、商业推销、商业欺诈等风险。

二、风险和压力管控有哪些措施

风险是指一个事件产生不希望后果的可能性。它是某一特定危险情况发生的可能性和后果的组合。风险管理是一个识别、确定和度量风险,并制订、选择和实施风险处理方案的过程。在项目执行过程中会面临各种各样的风险,需要对项目的风险管理进行风险规划、风险识别、风险分析、风险应对及风险监控五个阶段和环节的管理。只有建立项目风险管理机制,及时处理项目过程中的突发事件,并对项目风险全过程实施动态管理,才能确保社工站项目如期完成。

（一）风险规划

风险规划是指在项目正式启动前期，在系统规划和顶层设计的过程中，对项目风险进行统筹考虑，制订项目风险管理计划。

（二）风险识别

风险识别是指对存在于项目中的各类风险源或不确定因素进行科学的分类，确认对风险事件的描述，对风险加以识别。如识别项目的环境风险、服务风险、合作风险、人力风险、财务风险等。

（三）风险分析

风险分析是指对于风险出现的可能性及带来的影响力进行分析。风险分析可以从两个方面进行：一是可能性分析，即风险发生的概率，按发生的概率可分为高、中、低三个级别；二是影响力分析，即风险对项目的影响，包括对预算、进度、表现等的影响，按影响的大小可分为高、中、低三个级别。

（四）风险应对

风险应对是指对项目风险提出相应的风险处置意见和办法，决定采用哪种措施应对风险及措施的控制程度。要不断提升社工站从业人员的风险意识，增强风险敏锐性，及时收集、关注与社会工作行业和运营管理密切相关的内外部信息，了解各种影响服务工作的变化趋势和动态。在实施每个项目和服务前，要先做好安全评估和预警，确保项目和服务风险可控；做好建立健全项目风险防控管理体系、安全管理监督机制，并定期开展安全管理教育培训等工作。

（五）风险监控

风险监控是指核对风险管理策略和措施的实际效果是否与预见的相同，寻找机会改善和细化风险规避计划，并获取反馈信息，确定循环的最佳时机。社会工作服务活动中易发生的服务风险几乎涉及社会工作服务的方方面面，社工站必须要掌握如下风险管控措施。

1. 要树立和增强社会工作服务中的风险意识

在项目运营管理的过程中，要把安全管理渗透到项目运营管理和服务的各个方面。在实施每项管理和服务前，应先做好安全评估和预警，做到服务实施前安全保障先行，确保服务风险可控。

2. 要明确社工站内部的安全管理责任

社工站的管理者在项目实施和运营前应明确相关负责人的安全管理责任，建立相应的安全管理考核机制，确保社工站服务的安全管理责任明确、目标明确，安全管理落实到位。

3. 要抓好社工站日常安全管理的监督

社工站管理者应采取定期暗访、抽查、排查等方式，对安全管理情况进行监督，及时开展机构内部的安全自查、自检和自纠工作，以有效管控服务风险。同时，应促使站内从业人员将"安全意识"习惯成自然。

4. 要适时开展安全管理的教育培训

针对社工站日常专业服务、场地设施维护、项目运营、对外合作等活动中存在的问题和风险，及时开设相应的专题培训教育，以提升社工站从业人员对安全服务和管理的认知。

5. 要完善相关的安全管理制度和指引

在实际服务活动中加强对社会工作服务安全管理方面的知识和经验积累，逐步完善社工站的相关安全工作制度和指引，确保有效的安全管理经验和做法能上升为制度规范，以便有效提升机构的安全管理能力和水平。

三、大体量临时性任务怎样应对

在面临大体量临时性任务的时候，难免会产生些许畏难情绪，所以站内社会工作者首先应该调节自己的情绪和状态，以饱满的热情迎接这份任务。调整好心态之后，社工站应该立刻召开会议，对任务进行梳理并作出规划，迅速统计任务的工作量以及任务所需的时间和截止时间等，分清轻重缓急，明确工作安排。工作安排分工明确后，站内社会工作者应迅速投入工作，保证任务按时完成。

四、危机处理的对策有哪些

危机处理是公共关系活动中日益引起重视的管理思想和生存策略，特别是在全球化加剧的今天，企业或组织一个小小的意外或者事故就会被扩大到更大的范围，产生严重后果。社工站应建立完备的危机紧急处理系统，并懂得如何使损失降至最低程度。

社工站在危机处理时的对策包括总对策和具体对策。

（一）总对策

在危机事件发生的时候，社工站应重视事实，迅速调查，妥善处理并做好善后工作，然后重塑社工站形象。

（二）具体对策

1. 对上级有关部门

危机事件发生时，应及时向上级部门请示汇报事态的发展动向，以最快的速度求得上级部门的指导。在对外回答敏感问题之前，须向上级部门请示报告，严格按照统一的口径对外发布信息。

2. 对社工站内部员工

社工站应迅速而准确地把事件发生的具体情况和将采取的对策告知员工，使大家齐心协力，共渡难关。

3. 对大众传媒

社工站应主动与各界新闻媒体取得联系，向其提供事实真相和相关信息，并表明自己的态度，争取和新闻媒体的合作。公开宣布发布新闻的时间，并按照规定的时间发布新闻。在一些事实结果不明朗之前，不应轻易评论或发表言论。社工站应充分利用新闻媒介与公众沟通，引导和控制舆论局势。如果有关危机的新闻报道与事实不符，应及时予以指出并要求更正，但应保持冷静和理性的态度。同时，社工站应及时对新闻界的合作表示感谢。

第 5 章

社工站可持续发展

　　建设和发展乡镇（街道）社工站是推进基层治理能力有效提升和基层治理模式探索创新的新生力量，是促进基层治理体系转型升级及社区专业化治理的新生手段。作为助力基层治理的新生事物，并且是由外传入的舶来品，其能否适应新时代背景下基层治理的发展需求，能否回应基层群众日益增长的美好生活需要，成为社会各界的疑虑。在政府大力支持购买项目服务、专业社工机构积极主动嵌入的主流建设和发展方式的推动下，乡镇（街道）社工站建设和发展初具规模，已经形成了广东"双百工程"和湖南省"禾"计划等具有代表性的建设和发展案例。然而，建设容易发展难，要想实现社会工作专业服务与基层群众需求长效结合，真正地使社工站在基层"扎根""长苗"，可持续发展是非常必要的。

　　在日益多变的发展环境和多样的群众需求的共同作用下，社工站建设和发展应考虑如何与各种供需关系保持稳定的联结，维护好与各利益相关方的公共关系，创造可联动发展、共同成长的互惠环境。同时应注重本质价值的体现，及时对具体的实践活动经验和方式方法进行总结提炼，形成可复制、可推广的社会工作服务模式。更应从长远发展的角度出发，打牢本土化社会工作的个性品牌，创立品牌形象并加以宣传推广，以便赢得社会各界的支持与青睐。

第一节　社工站公共关系

　　社工站作为非营利性质的社会组织，其公共关系与其他营利性的企事业单位不尽相同。社工站作为公共服务提供机构，面临的服务对象是因个人或环境因素导致生活出现问题及危机的有需要的个人，是存在于有需要这一条件下的服务者与被服务者。加之社会工作服务的公益性，双方在互动本质上是一种非市场化的非竞争行为，因而极少通过竞争性的公共关系来赢得生存发展的机会。因此，包括非营利组织在内的相对缺乏竞争力的社会组织，容易忽视自身形象，公共关系意识一般较为薄弱。

但是，社工站与公共关系并非矛盾的组合，抑或说"社工站也应进行公共关系的维护"并非伪命题。社工站作为非营利性质的社会组织，其生存与发展的基础虽然得益于政府的各项公益支持，无须顾及市场份额、盈利水平等竞争性的公共关系，然而社工站的服务对象仍然是广大群众，维护好与广大群众的关系，最终将会有利于塑造自身形象、提高知名度和美誉度，助推社工站形成广泛的社会效益。

在此命题和目的之下，社工站的公共关系网络清晰可见。除了购买项目的甲方之外，与当地政府主管部门或民政部门之间、与服务对象之间、与其他社会组织之间的公共关系维护，是社工站建设和发展的重要工作之一，也是需要不断探索和发展的工作方面之一。

一、社工站的公共形象怎样维护

公共形象的维护是个人或者组织待人处世、塑造个人与组织形象的重要手段。社工站的具体工作内容自始至终都离不开人与人之间的接触、交往，组织与组织之间的联系、沟通等。因此，维护好公共形象，对社工站建设和发展有重要推动作用。

（一）通过宣传维护公共形象

1. 规范服务形象

社工站工作是一项与人、与社会密切接触并且直接服务于人的工作。社工站社会工作者在日常服务或者特色活动的开展过程中，每个人都代表着社工站的宣传形象，是备受服务对象和其他各界人士关注的"名片"。社工站社会工作者的着装、容貌、话语、面部表情、精神状态等，已经在服务过程中作为一种显性的、直观的信息传递给服务对象和各界公众，是社会工作者本人及社工站队伍公共形象的宣传代表。因此，社工站社会工作者在面对服务对象时，要时刻注意自己的行为方式、服装穿戴、仪容仪表等，要规范表达技巧、语音语调、神态体态等通用的服务行业基础职业素养，为服务对象留下良好的形象。同时，良好的精神面貌有利于服务对象感受到被尊重和被接受，使服务对象切身感受到社工站社会工作者的职业道德、专业素养，推进二者之间的信任关系和专业关系的建立，进而便于社会工作者开展专业服务。

2. 规划宣传制品

通过宣传维护社工站的公共形象，其重点在于采用合适的宣传方式将塑造的良好的公共形象进行传播。所谓合适的宣传方式，即针对不同的宣传目的采取不同的宣传载体宣传不同的内容。社工站要善于规划宣传制品，并且分门别类地固定统一的宣传模式，及时地将社工站建设和服务等信息向外界传递。发挥期刊、宣传册、工作动态等传统宣传制品的作用，融合"互联网＋"基础上的微信、抖音、电子报刊等网络宣传载体的巨大优势，分别对日常工作、重大活动、学习分享、经验模式等主要内容进行刊登和宣传，形成连续性、系列性、规模性的宣传制品总览，提升社工站对外宣传的力度和广度，以宣传的方式维护积极、正向的社会公共形象。

（二）通过服务维护公共形象

通过服务维护公共形象，主要以实际的服务行为作为特殊媒介，达到吸引公众、感化人心、获取好评、争取合作的目的，同时使组织与社会公众之间的关系更加融洽、和谐，提高组织社会信誉。而社工站作为基层群众需求的服务平台，本职的工作内容便是提供各项实在的、实惠的服务活动，以满足基层群众的各项需求。

1. 明确服务规范

社会工作服务因其具有赋权增能的专业性和专业理念，故与其他类型的服务活动存在根本的区别。从专业服务理念角度出发，其目标是激发服务对象的潜在内生动力，以服务对象意识觉醒和能力建设促成个体的自我提升和发展。因此，社工站在开展服务之前，应紧扣服务理念和目标，根据可提供的服务内容设置合理的服务规范，明确具体的行动内容和标准，以供全体社会工作者在服务过程中规范遵守，推动建设整齐划一的服务标准和行动指南，并具体落实在日常的服务用语表达、服务理念传播、服务态度传递、服务行为行动等诸多方面，以此来维护规范化的公共服务形象。

2. 追求服务的专业性

社工站的服务被视作专业化的服务活动，是因为其具有助人自助、助人互助的专业价值理念和专业目标追求，具有区别于其他任何服务的独特性，不能被其他任何服务替代，而这也是社会工作能够长足发展的根本性原因。虽然社会工作服务融合了心理学、教育学、社会学等多门学科的知识背景和理论及实务方法，但其在众多学科基础上归纳出的个案工作、小组工作、社区工作、社会行政的工作方法，正是经过实践所探索出的专业范畴，是社会工作服务赖以生存的基本方法。同时，社工站社会工作者还要秉持专业的服务理念，在服务活动中充分扮演好服务者的角色，并以引导者、动员者、陪伴者、倡导者的专业身份开展服务，区别于传统的填鸭式、给予式的服务行为，体现出鼓励式、赋能增权式的社会工作服务的独特专业性，并以此来体现社会工作服务的专业价值，展现不同于其他职业的服务面貌，维护特有的公共形象。

（三）通过社会活动维护公共形象

社工站的服务是具有公益性质的专业化助人服务，是在政府的支持和引领下以解决兜底民生保障问题为主的服务平台，因而其承担了一部分政府民政部门的工作职能和工作任务。社工站可以借鉴民政部门公共服务的影响力，开展兜底民生保障的公益性社会活动。例如，链接社会资源提供"为爱帮助一小时"的社区互助式帮扶服务，依托世界红十字日为辖区内的经济困难群体提供社会公益慈善资源募集服务，或通过专门的网站门户发布社区内志愿助残、助医的公益活动等。通过公益性的社会活动让广大基层群众与社工站进行"面对面""零距离"沟通，当面感受社会工作专业的文化和服务，可以提高基层群众对社会工作价值理念和服务活动的认可度，强化基层群众对社工站的积极印象，提高社工站本身的知晓度和美誉度。同时，应根据基层群众的需求对服务活动展开适当的反馈与评估，按照基层群众的需求对服务方案进行调整，以使社工站的服务水平真正贴合基层群众的需要，从而提升社工站的公信力和亲和度，维护其自身的公共形象。

二、与项目甲方的关系怎样维护

如前文所述，现阶段的社工站建设和发展，更多的是由政府购买特定的项目和服务来推进，是需要由购买项目的甲方通过资金支持、政策维持来推动其大力发展的。因此，在服务项目运营和管理的过程中，除了要回应基层群众的多样化诉求，还应充分考虑甲方的各项利益诉求，并通过项目的实施来合理回应和反馈，维持好甲乙双方的信任与合作关系。

（一）关注甲方的利益

作为支持社工站建设和发展的甲方，其目的是通过社工站满足社会需求并通过社工站为有需要的人提供更精准和更专业的服务。但甲方作为实实在在的出资人，其本质不仅仅是为基层群众解决一定量的问题，还是承担社会责任、分担社会道义的具体体现，也是提升其社会效益、维护其社会公益形象的手段和方式之一。因此，社工站除了做好基层群众的日常服务，还应注重甲方形象的宣扬和展示，维护好甲方的社会角色。

社工站应按照所实施的服务项目的约定，保质保量完成项目任务和各项工作指标，这是最基本的服务要求。项目任务和各项工作指标，体现的是对基层群众无微不至的服务，代表的正是甲方对社工站服务的期待与想要达到的目的。真正将项目实施落地，基本上就等于甲方完成了社会服务、承担了应有的社会责任，那么甲方的社会利益才可以最大化，甲方才能够在社会面赢得更多的关注与尊重，社工站的服务从甲方的角度来说才算是具有最现实的作用和意义。

（二）强有力地执行项目

无论是作为项目购买者的甲方还是作为服务落实者的乙方，二者对"执行力"的要求都是一样的。社工站作为乙方追求执行力，其目的之一是通过尽快完成工作任务达成项目目标，以此获得甲方的认可和资金支持，从而扶持社工站的持续生存和发展。当然，社工站为民服务的初心使命和价值追求是不变的。而甲方追求强有力的执行力，其本质是希望乙方能够高速度、高效率、高精准地完成项目指标、解决民需，在短时间内获取最大化的社会效益，避免拖拉等消极的现象出现。因此，从强有力地执行项目这一要求出发，社工站应根据基层社会工作者的个人能力调整工作任务，组建目标明确、执行力强的服务队伍；同时，强有力的执行还需注重服务细节，不能盲目地追求高效服务而丢失社会工作独有的价值观念和服务准则。

（三）为甲方提供可操作性的策略

在社工站的日常服务中，基层社会工作者作为有思考能力的独立个人，或多或少都会在项目实施的过程中发现与群众需求不相符的方面，因为服务项目不可能完全符合每一个有需要的个体的全部需求。在这样的情况下，社会工作者应在完成项目指标的基础上，记录矛盾点和供需之间的差异，归纳总结问题的症结所在，提出更切合群众需求和甲方要求的、行之有效的、可操作的服务策略，并及时将调整后的方案与甲方沟通，以便为群众提供有效的、高质量的服务。

为甲方提供可操作的服务项目策划，是社工站的本职工作，也是服务持续有效推进的基础。社工站在明确具体服务内容的同时，需要制定具体的服务章程，使后续的服务得以按章推进，保证服务的连续性，避免脱节和断裂。实际上，这也是社工站采用社会行政这一工作方法助推甲方项目精准落地，助推基层社会良性建设和发展的深层原因。

（四）稳固与甲方的人际关系

公共关系的基础，是人与人之间通过社会交往形成的社会互动关系，因此要重点关注人与人之间的利益关系和社会互动情况。社工站与甲方的公共关系维护，其方式之一是协调双方人员的人际关系。当项目沟通和具体实施的人群之间产生了良性的互动关系，并以此形成了一定的感情基础，那么双方人员所代表的双方利益及合作项目也将会在一定程度上相互契合与融合，形成密不可分的良好局面。但是，凡事不能从绝对的角度看待，单纯的人际关系和绝对的人际交往只是维护社工站与项目甲方良好公共关系的辅助性工具，本质还是要体现出社工站服务的专业性和价值性，才能开展持续性的合作，在满足基层群众美好生活诉求的基础上，达成政府的民生建设目标。

三、与政府部门的关系怎样维护

如前文所述，目前我国的社工站建设和发展主要是依靠政府的资金拨付和政策支持，是对政府的主动依赖和被动依附。社工站也正是在这样的扶助与支持下生存和发展，协助当地政府部门为有需要的人群提供专业化服务和支持。与此同时，由于社会工作服务领域这一专业被明确地划分为民政部门工作范畴，由注册登记地的民政部门管辖，因此，社工站更应及时地将所服务的基层群众的需求以及社工站内的详细情况与当地政府部门进行沟通，及时汇报工作推进情况。

（一）尊重政府部门的领导地位

当地政府部门作为社工站的领导者和管理者，对社工站的统筹和持续性发展具有决定性的作用。作为基层社会工作服务平台的社工站，应正视当地政府部门在党建引领和把握服务方向上的主动权，尊重其领导核心地位，切不可以"专业性"和"独立性"为由凌驾于当地政府之上，也不可擅自脱离政府的管辖开展自治性服务活动。

尊重政府部门的领导地位，并非要求社工站作为一个"下属"的民生办事机构来听命于政府的"调遣"，而是要搞清楚、吃透当地政府部门的重点工作内容，并以专业方法实施，将好的政策、优质的资源真正通过社工站这一服务平台传递给基层群众。因而，尊重政府部门的领导地位也是社工站日常服务开展的必要工作之一，具有保障社工站服务方向准确无误、保障服务内容与当地社会建设和社会事业发展并轨同行的积极作用。由此也能够更好地说明，尊重政府部门的领导地位，是领导者与服务提供者的正向管理逻辑，也是正向公共关系的基础。

（二）密切与当地政府的沟通协调

1. 加强日常工作的沟通协调

加强社工站与当地政府部门在日常工作中的沟通和协调，是促进双方公共关系维护的方式之一，常见的沟通协调方式有工作文件沟通、工作汇报会议沟通和网络实时通信沟通等多种形式。通过日常工作的沟通协调，能够使当地政府部门掌握社工站的实时服务动向，了解社工站服务开展的深度和普及程度，并且根据汇报材料来评估其服务是否契合政府及基层群众所需，同时知晓社工站的服务难处及困境，为社工站下一阶段的服务提供更有力的支持。总之，日常的沟通协调工作，会使社工站与当地政府部门彼此加深了解，从而巩固平等合作、共谋发展的基础，促进良好的合作关系和公共关系的形成与正向发展。

2. 加强专项事务的沟通协调

社工站建设和发展同样面临人事调动、服务开展、财务管理、运营管理等众多专项事务。一般情况下，专项事务的开展不会对服务开展产生什么影响，但某些专项事务进展如何却关系到双方的合作基础与公共关系的融洽程度。

以财务管理专项事务为例，由于社工站属于非营利性的社会组织，它的资金来源基本上是依靠政府支持并用于运营和开展社会工作服务项目的。同时，政府作为出资方也希望其所投入的资金及其他资源能够完整用于社工站所运营的社会工作服务项目中，因此，加强财务管理方面专项事务沟通协调显得尤为重要。社工站应针对资金的使用情况、支出明细、会计账目等有关财务方面的事项与政府部门进行沟通协调，让政府作为项目的出资方和领导管理者了解项目服务资金是否合理、合数、恰当地运用到所购买的社会工作服务项目中，是否通过资金的支持和服务项目的购买起到解决基层群众实际生活问题的作用。有能力的社工站还可根据实际的资金使用情况，邀请当地政府部门参与专门召开的座谈会或者交流会，公开项目资金的拨付与开支使用明细，使财务专项事务透明化、精细化，并将专业的财务汇报资料呈现给当地政府部门，使其更清楚地了解项目服务资金的去向，也方便政府部门监督管理社工站和社会工作服务项目，促进此类专项事务的沟通协调。

如财务管理这样的专项事务还有很多种类，社工站作为项目的执行机构，理应与当地政府部门合情合理地沟通协调相关事宜，从而推动当地政府逐渐信任和认可社工站服务的专业性，进而继续增加项目资金、建设资源平台或者构建利好性社会政策，推动社工站建设规模化发展、服务项目多样化发展。同时，社工站建设和服务项目的再推进，也有助于社会工作服务被基层群众和各界人士了解、熟知和接纳，便于社会政策、民生保障服务等顺利落地实施，弥补当地政府因能力不足难以全面顾及所有困难群体的局面，对树立当地政府的公信力和良好形象具有极大的推动作用。在此过程中，双方通过沟通协调利于达成密切合作，促进双方互利共赢，同时也利于构建双方信赖、合作的良性公共关系。

（三）维护当地政府的公众形象

社工站的建设和发展，除了开展本职的社会工作服务，还应考虑如何通过专业化的方法维护提升当地政府的公共形象。当地政府并非万能，只是作为基层自治组织的管理机器而运作。加之近年来政府行政性事务的逐渐繁多，政府服务不全面、不到位的现象时有发生。社工站作为政府购买并建设的社会公共服务专业平台，应站在全局性的视角来统筹规划全乡镇（街道）的精细化服务供给，并且结合政府的重点工作设计有针对性的服务项目，以专业的技巧和方法来落实，从而推进服务型政府的公信力建设。例如，北京市 W 镇的社会工作服务体系，以全镇民生保障工作为出发点，聚焦 80 周岁及以上的高龄老年人的养老服务、聚焦基层群众的社会心理服务，开展专业化的助老、助残、助医服务和心理咨询服务，既满足了基层群众的部分生活需求、弥补了政府部门的服务短板，又为政府的工作落实起到了推进作用，强化了政府在基层群众中的公信力和威望，有利于政府公共形象的维护与提升。

综上所述，无论是尊重政府部门的领导地位、密切与当地政府的沟通联系，还是维护当地政府的公众形象，社工站都应积极努力地与当地政府保持良性的互动关系，增进彼此的信任和了解，从而维护双方良性的公共关系。这不仅仅是站在当地政府的需求方面考虑问题，为公共服务的开展寻找解决的方案，也是为社工站本身的发展出谋划策。这样的公共关系的维护，有利于社工站在未来的发展中寻求政府相关部门的支持与合作，更有利于社工站自身的建设和发展。

四、与服务对象的关系怎样维护

社工站是以社会工作的专业方法开展"助人自助"服务活动的平台，

其核心是提供服务和倡导社会政策及社会环境的改变，而其服务对象往往是有需要的困难群体。在提供服务中，社会工作者为了持续性服务的顺利开展，需要与服务对象保持良好的专业关系，而这种关系的建立也是一件困难的事，它是存在于服务者与被服务者之间的专业，因此需要相应的专业方法加以维护。

（一）尊重接纳服务对象

社工站服务的人群多为困难群体，具有异质性、复杂性、特殊性等特性。在开展服务的过程中，社会工作者与服务对象间的陌生关系，不利于工作的开展，因此需要以真挚、诚实、开放、无条件的尊重和接纳的态度，与服务对象建立初步的专业关系。通过专业关系的建立，能促使服务对象放下对社会工作者的防备心理，促进社会工作者与服务对象之间进行互动的、正式的、无障碍的平等沟通和交流，从而促进服务者与服务对象之间的专业服务活动的展开，为顺利开展社会工作专业服务奠定良好关系基础。

（二）提供所需的专业服务

社工站提供的服务是否符合群众的基本要求，决定了服务对象的服务满意度，它直接影响着社工站的正常运营和社会工作服务的持续开展。因此，为了真正地满足服务对象的各项要求，社工站的每名社会工作者都应具备较高的职业操守、专业知识、职业道德以及应对危机的心理素质和处理危机的基本技能，这也是社工站为有需要的人提供服务的基本要求。

（三）定期联络

社会工作者与服务对象的服务关系因其非血缘性，呈现出有限的、局域的、特定环境下的等多种特征。这种不稳定的专业关系会因为服务的周期性和阶段性而产生出或近或远、时而紧密时而疏远的浮动性变化。从服务的长远性角度出发，这样的专业关系不利于服务的开展和服务目标的达成，因此社会工作者需要与服务对象进行定期的联络，通过微信、电话、入户访问等形式拉近二者之间的关系，以熟络的情感关系带动专业关系的黏合与维持。

五、与社会组织的关系怎样维护

社工站在提供专业化服务时，其面对的是群众的各式各样的需求和问题，有时难以完全依靠自身能力进行回应和解决，这就需要链接其他社会组织进行合作推进。而合作的基础，是社工站与社会组织之间良好的公共关系基础，因此，维护好、发展好社工站与社会组织之间的公共关系，在合作共赢、共同服务中显得尤为重要。

（一）尊重并认同对方的发展理念

组织间的公共关系的建立，是基于共同的发展理念、一致性的发展目标，且二者之间存在话语共识并且能够各取所需，社工站与其他社会组织的关系的维护也不例外。社工站链接的其他社会组织一般是在社工站的专业能力出现短板时发挥作用的，是对社工站服务的补充，一般也会有社会工作不触及的独特性与专业性，因此其他社会组织的发展理念即使与社工站一致，也难免会出现分歧。在这样的情况下，社工站出于维护好双方关系的目的，应尽可能多地了解其他社会组织的组织文化内涵和发展理念，尊重各社会组织的独特性发展，并从中找出与社工站发展相契合的点，寻找能够融合与链接的机会，便于从基础的文化信仰和价值观念上将社工站与其他社会组织牢牢捆绑在一起，实现组织间的有效合作。

（二）积极探索多样化交流渠道

社工站维护与其他社会组织的公共关系，重要的一项工作内容是积极探索多样化的交流渠道。通过交流沟通，能够交换彼此之间的发展理念和服务方向，促进彼此之间的学习与分享，是推进双方合作发展的有效的重要方式。

1. 交流分享会

交流分享会是相对直接、高效、迅速的关系维护方式。通过交流和分享，能够使双方在工作方法、工作目标和未来规划等多方面达成一致，是促进彼此融合、产生相互联结意愿的基础性方式。

2. 学习型团队共建

共建以共同学习、共同进步为主要目的的学习型团队，是社工站与其他社会组织之间在发展路径上寻找共同建设的着力点，并以此为连接纽带，打造组织不同维度建设的起点。同时，跨组织的团队建设，为个人与个人、个人与组织、组织与组织的多主体间的沟通交流提供了机会平台，有利于以情感连接为纽带的方式维护公共关系。

（三）创造互利共赢的合作机会

社工站与其他社会组织的关系维护，其落脚点一定要回到双方的根本利益上。因此，社工站在与其他社会组织的关系维护中，除了"概念性"的契合统一，最重要的是找到互利共赢的合作机会点，让双方在互惠的、真实的合作中得到现实利益，才是推动双方关系维护、稳中向好的关键所在。

六、与志愿者的关系怎样维护

党的十九大报告强调"打造共建共治共享的社会治理格局"，党的十九届四中全会提出"建设人人有责、人人尽责、人人享有的社会治理共同体"，这些新部署也对"五社联动"提出了新要求。"五社"是指社区、社会工作者、社区社会组织、社区志愿者、社区公益慈善资源，再将各要素进行整合。社会工作要主动融入和服务于基层社会治理大局，在促进居民参与、共建幸福家园中彰显专业力量。

志愿者是社区中非常重要的资源，由于志愿者本身具有志愿性、无偿性、公益性、组织性四大特征，而这四大特征恰好能够与社会工作服务结合，因而培育发展和维系好志愿者也是社工站服务的重要组成部分。

（一）精准定位，人文关怀

志愿者参与志愿服务的初衷更多是自我价值实现的需要，但对志愿者的日常管理和维护则取决于社工站对志愿者的定位和期待。从不同的定位和期待中可以预测出志愿者及志愿者团队的发展状况，社工站要从志愿者的角色和目标出发，精准定位，管理好志愿者。

在帮助社区居民实现自我价值之外，社工站要看到志愿者的能力，相信志愿者有意愿也有能力解决社区问题，满足社区需求，促进社区发展。社会工作者要引导志愿者参与其中并协助他们发挥作用，使志愿服务成为满足社区需求和使社区资源精准对接的纽带。社工站可以通过管理提升志愿者志愿服务的意识、能力和动力，激发社区原有动力。

社工站在定位志愿者的发展道路和方向时，也要做好志愿者的人文关怀，如生日问候、疾病关怀等，增加对志愿者的了解，增强志愿者的归属感，为志愿者积极参与活动做铺垫。

（二）建立团队，系统管理

志愿者参与社区志愿服务，会因自身特长、志愿服务类型影响参与程度，从长远发展考虑，社工站在这一过程中要将志愿者的个人效益优化为综合效益。社工站首先要成立志愿者团队，并制定一套完善的志愿者管理体系，进行志愿者的系统管理。

在建立专业志愿者服务队的同时，应根据社区发展的需要和志愿者自身特长，制定志愿者服务项目，明确志愿者的任务，让志愿者意识到自己的重要性，帮助志愿者了解自身需求，协助志愿者实现目标，以此保持志愿者的活力。志愿者管理体系需要涵盖志愿者的招募、培训，志愿服务的指导、管理、监督、表彰等多个方面，注重促进志愿者的个人成长，提升志愿者的团队归属感。

志愿者激励是提升志愿者积极性和维系志愿者热情的主要方法之一，通常包括物质激励和精神激励。物质激励更多是积分兑换、奖励日用品等实际物品，而精神激励重视的是志愿者的社会荣誉感。如在团体队伍内部进行评选，评出各种"称号"；参与外部的其他评优评选活动，鼓励志愿者积极参与，扩大志愿者的影响力和提升志愿者的成就感；通过其他外部媒体，如公众号、宣传栏以及其他的报纸媒体等进行多渠道的宣传，将志愿者的优秀事迹广泛宣传，增强志愿者的价值感和成就感。

（三）赋权增能，内部凝聚

志愿者既是社会工作者的服务对象，也是社会工作者的工作伙伴。在志愿服务活动中，社工站可以根据服务项目目标的不同，设置不同的志愿者服务岗位，并赋予志愿者一定的问题处理权限，帮助志愿者将志愿精神、权利与义务、志愿服务技巧等内容在实际工作中得到训练，充分调动志愿者的主动性和积极性；在志愿服务的总结会上，也尽可能多地借鉴采纳志愿者的合理想法和建议。

定期开展志愿者团建，如交流会、茶话会等活动，可以将志愿者聚在一起，促进内部团结，促进志愿者的团队融入，提升志愿者归属感，确保志愿者有能力、有精力、有动力地参与志愿服务，促进志愿服务更好地开展。

第二节　知识生产与实践

社会工作起源于西方，在中国内地发展较晚。中国社会工作的本土发展，需要对国外社会工作理论和实务方法进行引入、移植、调整、改造、融合等一系列环节，并呼应中国现实场景，融入中国本土化的要素，衍生出基础理论和本土理论，在体现专业性的同时保有中国特色。因而，需要不断对一线社会工作者知识生产和实践过程中的知识进行总结，提炼建构社工站建设、社会工作发展过程中的知识体系。

一、怎样从实践中提炼知识与经验

实践是联结主观和客观、课堂和一线的纽带，使主观与客观达到一种协调。在实践中，社会工作者进入现实情境，解决现实问题，从社会生活现实出发，排除先入为主的认知偏差，将其个人的实践与对象化的经验融合在一起。在这一过程中，社会工作者将学科理论知识用于应对现实挑战，提炼总结出新的实践性知识和经验。

（一）情境刺激，策略应对

社工站服务工作多以实务工作为主，一线社会工作者都会面临具体工作情境的挑战。当面对服务对象的具体问题时，会出现个别棘手的情况，服务对象的独特需求会带有强烈的个体色彩和社会特性，而处理这种个体性与社会性背后所运用的知识，既可能与社会工作者掌握的社会工作专业知识有着契合之处，也有可能会出现复杂、具体的问题难以运用已有的一般性知识进行解决的情形。

社会工作者面临新挑战的时候，就会成为社会工作者实践性知识和经验生成的起点。面对情境中突发的新挑战和新刺激，社会工作者就需要充分利用已有知识，或者通过改变社会工作者原有的知识体系和服务技巧，利用创造性的方法来解决问题，进而产生新的发展方向，出现新的转机。

在服务活动结束后，社工站需要组织员工，将活动过程进行复盘分析，既探讨服务的预设方案，也将面对的挑战进行总结和反思，进一步形成新的可借鉴、可实施的知识与经验。

（二）积极主动，行动中反思

社工站要充分发挥社会工作者的主观能动性，定时定期进行总结反思，推进实践性知识的形成。建立研究学习机制，实现周周有例会、月月有总结，并在总结后进行实践。每周将所做工作和遇到的问题进行反馈和总结，每月将周总结的实践性理解进行头脑风暴，丰富价值观层面上的信念支持系统和知识体系。在行动中进行持续性反思，通过实践验证策略实现问题的有效解决，对社工站所面对问题和所处的情境进行假设，采取可能的处理行动，通过在行动中反思一步步查验策略的有效性，最终使反思和行动效果达到最佳，即在行动中反思、在反思中行动，将有效实践性知识逐渐融入社会工作者的知识体系，通过个体的反思及对环境的认识分析，最终提炼出可获得的实践性知识和经验。

案例分享

M 社工机构实践性经验总结

在 W 镇共计开展了 13 个农村社会工作服务站，其中有 6 个村级社工站由 M 社工机构运营。M 社工机构进驻村庄开展服务后，在党建引领、助力养老层面进行了深入的探索研究，并经过提炼整理，形成实践性经验总结。

一是党建引领，安心助老。持续深化大兴区"拉家常"议事会建设，为村内 60 岁及以上老人建立个人档案，了解真实生活情况，问需于民，并制作有联络电话、服务内容的"村民连心卡"，通过走门入户、聊天座谈等形式发放给村民，使家里的老人有困难能在第一时间拨打电话求助。二是精神慰藉，文化助老。为村中老年人提供理发、磨刀剪、量血压、修理自行车、法律宣传、健康咨询等便民服务，并根据老年人的文娱需求开展多样化文娱活动。三是多方参与，志愿助老。培养本村志愿服务队伍+外部志愿队伍（高校大学生志愿者及社会党员志愿者），形成可利用的内在资源，积极发挥群众性自治组织作用，逐步完善老人关怀机制，为以后村庄为老服务的开展提供了保障，推动为老服务工作再上新台阶。

（三）知识迁移，融合提升

社工站作为实务工作的执行者以及理论知识的践行者，在服务过程中不断尝试新的方法和知识策略之余，还要进行知识迁移，寻求外部机构和资源的帮助。社工站在与其他地区的社工站建立联结团队的基础上，可以在实务工作中借鉴其他地区优秀的工作规范，并根据本地现实情况，融合形成最新的经验知识。知识迁移的能力可以使人将习得的知识原理迁移至新的情境，解决当前遇到的问题。

实践过程中产生的知识和经验是基于社工站对内外世界的认知成果和以往的服务经验形成的。同时，这一实践性知识又会构成未来从事新实践的基础。实践性知识并非纯粹主观的，亦非外界决定的，而是内化和外化的双向生成、相互作用、彼此影响、循环往复的结果。社工站要在实务工作中学会及时反思、举一反三，形成新的可促进社工站建设和发展的实践性经验知识。

二、知识和经验怎样研讨与总结

社工站在实务工作中，将会不断地创造生产新的知识和经验，也随之不断更新自己的知识结构和体系，而将已经获得的知识和经验更好地总结，可以在以后面对类似的服务实践问题情境时调用这些知识，也为社工站的其他工作人员提供了面对类似问题情境的实践经验。

（一）横向沟通

实践性知识经验是在实践中的具体情境中产生的。当社会工作者面对新的挑战已经采取了新的策略应对时，在服务后需要进行复盘和总结。

在活动或服务结束后，社会工作者应及时进行自我反思，可以从所遇到的事件、面对情境的感想、服务对象对社会工作者处理方式的评价，以及社会工作者对本次活动的整体分析等方面进行总结，形成专业习惯。

理论应用于实践是将已经学习的社会工作理论知识和自己的实践经验相结合，进而不断提高社会工作者的专业化水平。当社会工作者有意识地运用社会工作知识理论指导实践服务时，将会实现理论与实践的有机结合。社工站社会工作者应召集社工站其他工作伙伴，将在实践中遇到的问题困境和解决策略进行共享，将自己在服务过程中的问题具象化，以启发性的方式来共同探讨解决问题的更优方案，结合本土化实际和自身实践经验自觉地反思已经内化的理论知识，建构出符合本土情境的社会工作理论知识，并以此为基础形成新的本土化的实践经验。

反思性实践对于社工站的建设过程是非常有必要的，社会工作者也可以在服务中理解并应用到实践中，在经过社工站点内部集体间横向沟通、科学的研讨与学习后，将实践性知识和经验进行提炼和总结。同时社会工作者也需要在日常的服务工作中，面对实践中复杂多样的专业问题，通过反思或者使用反思性工具进行实践性知识的生产，进而通过内部之间的横向沟通，将知识经验进行提炼总结。

（二）纵向指导

随着社工站建设的铺开与发展，全国各地都在健全社工站运营管理体系。社工站作为乡镇（街道）一级的综合服务平台，不同地区根据自身实际情况上设社工站指导中心，下设社工室，社工站在实务开展中产生的实践性经验知识可以通过纵向体系进行沟通总结，形成更具操作性和指导性的工作知识和指引。

对于仅存在社工站的地区，社工站在经过内部的横向沟通之后形成的知识内容，可以通过每月或者每季度的联席会，邀请社工站成立的专家委员会、专家智库等专业人士进行集中交流学习，从专业知识角度帮助社工进行经验总结和知识性提炼，最终落实为具体的服务技巧和知识方法。

对于已经建构了成熟的社工站运营体系的地区，可采用逐级研讨的方法，由社工室反馈所面对的问题困境或初步总结的知识经验，社工站进行建议性总结，和社工室共同探讨形成最新知识理论，之后向社工站指导中心寻求帮助，辅助进行知识性提炼，最后邀请专家团队进行综合性的研讨与指导。以上步骤根据实践性经验知识的实际情况具体展开，如在社工站运营指导中心的带领下，已经形成可以进行再实践的生产性知识，则可以进行实践性检验。

总体来说，实践性知识经验的研讨和总结，既要基于个体客观经验的总结，也要放到专业共同体层面，借助团队的力量和专业的力量突破个人经验的局限，以横向沟通和纵向指导相结合的方式，帮助实践性知识经验的总结扩充和完善。

三、怎样将知识和经验付诸实践

经过专业化的实践总结后，尽管社工站的服务人员掌握了相关的知识，但是更多的情况是在实践中没有使用相关知识的意识，总体上仍旧可能是"理论归理论，实践归实践"，经过实践催生的社会工作服务理论与实务工作处于断裂的状态，这就需要将实践性知识经验再次付诸实践，实现知识的再社会化。

（一）个人层面

社会工作者首先应理解他人通过实践总结的知识性经验，要意识到其重要性，从思想意识上做到正确认识和理解。任何理论观点或概念，在被应用到实践中解决问题时，都必然要经过实践主体（在这里指社会工作者）的领会和理解，保持正确积极的动机，将理论付诸实践，进而改善自己的工作方法。从实务社会工作的认知角度出发，改善实施过程中的问题处境和服务，做好实践性知识经验的实际应用，验证概念化的实践性知识，也是为帮助更广泛的社会工作者了解、认识，并形成个体化的理解，从而为在实际服务过程中的践行和检验奠定基础。

（二）从项目团队中进行检验

概念化的知识经验在个人试验后，同样需要进行团体服务的试验。在不同的服务活动乃至不同的服务对象面前，实践性的知识经验都需要进行检验，在具体的实践服务场景中，均能发挥积极作用，才能说明具有一定的适用性。所应用的已经被概念化的知识经验，只有通过与具体服务实践情境的互动，且都能较好地处理所面对的情境挑战、具体指导实践服务，才能证明其与本土社会文化处境的适切性和契合度。

实践性知识经验的研究是完善本土化社会工作服务知识体系的一种途径。在这样的行动研究中，社工站和社会工作者既是服务行动的承担者，也是自己服务研究的参与者。整个研究过程还需要与同伴、团队、督导以及更多的外部专业力量进行一同研究和思考，要在不断的反思、不断的服务开展过程中将面对的各种疑问、困境进行仔细审视，分析具体服务中、具体社会环境下服务实践中的各种情况，并对其进行修正和改善，进而在付诸实践后创造完整的社会化实践知识。

案例分享

实践总结—经验提炼—实务检验

W镇Y社工机构在成立4年之时，将在实务过程中面对的问题困境以及问题的解决办法撰写成工作指引。在经过机构内部多个社会工作者的修改后，交由机构的督导老师进行修正和完善，最终形成工作指引的试行版。Y机构承接运营6个农村社会工作服务站点，在各站点开始服务之初，就进行工作指引的系统性培训，保证社会工作者的服务有的放矢，有计可施。当在服务过程中面临新的挑战与问题时，社会工作者则再次进行经验总结，集中探讨，并由机构专业督导老师对工作指引作进一步完善，以此指导后续其他实务性工作的开展。

上述案例的实践总结—经验提炼—实务检验的过程就是知识生产和经验总结的情景再现。社会工作者将实践性知识经验进行总结提炼，而后进行实践性知识社会化，通过不断完善和总结使其具有了向公共知识转化的潜质和基础。

第三节　宣传推广与品牌营造

一、宣传推广的内容有哪些

社工站建设的宣传推广旨在运用多种媒体方式宣传推广社工站建设情况、服务开展情况、工作成效等内容，扩大社工站的社会影响，向社工站关注群体、潜在合作伙伴以及社会公众展示社工站日常工作与服务功能。为达到宣传目标，需要确定好宣传推广的宣传内容。

（一）社工站基础建设情况

对群众来说，社工站是一个新生事物，群众的接受和认可需要有一个认知接纳过程。社会工作者承担宣传"社工站是什么""社工站是做什么的""什么代表社工站"的责任，通过标识张贴、标牌悬挂、制度规范上墙、服装等方式，展示社工站的工作日常，在群众心中树立形象。宣传素材不仅要内容丰富，还要有独特性和辨识性，便于基层群众了解，便于留下深刻印象。

（二）重大事件和会议

重大事件和会议包括社工站党团建设、领导调研、项目筹备、揭牌仪式、参访学习、交流分享、督导培训、专家学者座谈、联席工作汇报等内容。建立社工站建设大事记，对社工站建设的重要节点及重要事项进行记录、留档和保存，梳理社工站建设的发展轨迹。重大事件记录不仅有利于宣传社工站的实际运行情况，还有利于逐步提升社工站的规范化宣传。

（三）日常服务与品牌活动

日常服务一般指社工站针对某一服务群体组织开展的常规性、周期性、固定性的服务，是除不可抗力因素外日常都可以开展的服务。品牌活动一般指社工站根据群众需求开展的小组活动，以及根据村（居）特色开展形成的品牌化大型社区活动。社工站作为基层服务组织，服务开展是基本工作之一，要注意在服务活动开展过程中对影像资料、文字资料进行留存留档，以便宣传工作中使用。

（四）优秀社会工作者

社会工作者是社工站建设的主力，他们的专业价值观和丰富的实践经验是宝贵的精神财富，是宣传推广的重要内容之一。社会工作者可通过推荐和自荐的方式参与优秀社会工作者的评选。社工站可设置专门的小组负责优秀社会工作者的评选事宜，保证公平公正。评选流程包括发布评选信息及标准、推荐/自荐、材料审核、组织评选和结果公示。优秀社会工作者的评选工作不仅是社会工作在全社会的形象宣传，能够扩大群众对社会工作者的认知，也是对优秀社会工作者的激励。

（五）工作经验分享和模式提炼

为推动社工站建设和发展，推进社会工作人才队伍建设，社工站需要对整体工作内容进行梳理，从工作中总结经验、提炼方法、凝练模式，以供其他地方社工站建设参考学习和互相交流。同时，每名社会工作者结合实际工作和理论知识所生成的心得体会，以及日常工作中的心声，同样可以进行宣传，使得宣传材料更加丰富、立体和真实。

二、宣传推广的途径有哪些

（一）组建宣传团队，加强制度建设

"发现我、认识我"是宣传推广的第一步。社工站建设作为一个新生事物，宣传推广至关重要，因此宣传推广应该是社工站建设的一种常规工作并且需要稳定的团队运营，负责相关行业信息的收集、整理、分析及汇总，负责社交媒体的维护，若遇大型活动则全体参与。制度建设包含明确宣传岗位的工作目标、内容、分工，便于规范化管理。同时明确沟通管理制度，如定期的例会制度、活动策划会等，保证宣传推广的及时性和创新性。

（二）需求+创意，精准集聚人群

快节奏的生活方式下，形式多样的社交媒体争夺着大家有限的注意力，一个新生的事物是不具有竞争力的。为了脱颖而出，宣传推广需要细

致研究用户的需求，根据他们的生理特点和兴趣爱好，有特色、有创意地进行推广。如老年人关心社交和文化娱乐，父母关心亲子教育，儿童关心成长和保护，等等。要改变形式单一的展板宣传，采用丰富的观展体验，从视觉、听觉、触觉三方面出发，激活参与性。可融合线上线下方式，拓宽宣传推广渠道，以线上平台服务宣传（微视频等）+线下实物宣传（宣传册、工作动态及刊物）+环境氛围营造（公交站牌海报、村站宣传海报等）展现社会工作风采，扩大社会工作宣传力度。

（三）抓住重要节点，开展有针对性宣传

社工站要时刻关注社会热点话题或网络热词，将社会工作专业服务与群众关心的话题相结合，寻找有利于宣传的场景。如在关键时间节点，将社工站相关信息制作成"飘窗"等醒目链接，通过宣传视频和图文等形式对社工站进行介绍，方便社会工作者与服务对象迅速获取有效信息。如在社会工作宣传周、社会工作者职业水平考试期间，利用各种渠道传播社会工作专业知识，展现社会工作者的专业形象和服务成效。

（四）拓宽宣传渠道，进行差异化传播

1. 政府各级宣传体系宣推

省、区、市级民政层面首先应强化大众传媒推广。各级民政部门需明确社工站视觉体系的使用规范，将社工站统一标识持续曝光在公众视野中，让更多的服务对象和社区资源持有者认识和了解社工站。强化同公共媒体的合作，提高社工站信息发布及后续报道的频次，确保专职社会工作者在日常服务和活动开展过程中得到官方的回应。

2. 传统媒介宣推

社工站在利用传统媒介宣传工作时，可以选择纸质工作动态、宣传单、海报，以及照片和文化用品等进行宣传。要注意使用规范的标识、文字、格式进行宣传，必要时可以在宣传品上粘贴能代表"××社工站"的LOGO贴，宣传展示社工站形象、工作内容、工作成效、特色亮点，提升社工站在社区治理中的作用。

3. 网络与新媒体宣推

社工站需在掌握传统传播方式的同时不断探索新的传播渠道。培养摄

影、视频制作、新媒体运用等方面的技能，运用广播、电视、网络等多媒体方式，向社工站关注群体、潜在合作伙伴以及社会公众展示社工站日常工作与服务功能，扩大社工站影响力。利用好当地官方微信公众号、微信群、电子大屏等多媒体渠道，提升社工站宣传方面的专业性。例如，可以开展社会工作微电影创作，对身边优秀社会工作者的感人事迹或自创主题进行拍摄，在新媒体平台进行展示及网络投票；或利用微博平台开展励志活动评选，通过配图、视频等形式向全社会展现社会工作者的精神面貌。

4. 社会工作专业媒体宣推

参与各大社会工作专业媒体的课题，以合作约稿或独立投稿的方式，公开发表与社工站建设有关的文章，如《中国社会工作》等期刊和"社工客"等微信公众号，借助专业社会工作媒体的力量向社会工作学界发起宣传，拓宽社会工作专业内部的宣传推广。

案例分享

社会工作主题宣传周活动

为贯彻落实第七届北京社会工作主题宣传周活动工作指示，充分展示社会工作发展成果，推动社会工作建设和发展，W 镇社会工作服务中心连同 13 个村级社工站启动社会工作主题宣传周活动。融合线上线下多维度，以宣传刊物发放、宣传视频展播、服务活动开展的多种方式，展现社会工作风采，扩大社会工作宣传，展示全镇社会工作在助力乡村振兴、社区治理等方面的重要成果。

营造环境氛围宣传

W 镇社会工作服务中心统一设计并印制社会工作宣传资料 1400 份，分别发往全镇 39 个村党支部、村委会及 2 家社会服务组织，宣传 W 镇社会工作的开展情况。设计并制作 53 张宣传海报，张贴至镇域内主干道路共12 个公交站和商住小区、回迁小区共 11 个宣传栏，扩大社会工作在镇域内的宣传广度。制作 3 部社会工作宣传视频，投放至各村庄微信群、公共场所 LED 大屏及"首善之地 W 镇"微信公众号播放，宣传社会工作在参与基层治理及促进"五社联动"方面的重要作用。13 个村级社工站也在村中主要街巷、公共场所和宣传栏板布置宣传海报、社会工作者名片、精彩服务照片展，广泛宣传 W 镇社会工作在参与新冠疫情防控、推动基层治理、促进乡村振兴、兜底民生保障等方面取得的良好成效。

参与线上直播宣传

13 个村级社工站组织村"两委"工作人员、志愿者、村民共 64 人观看社会工作主题宣传周活动启动仪式的直播，并组织大家就困难群体关爱、网格化建设、拉家常议事机制、村风民俗建设等内容与社会工作有机结合，分别发表了自己的看法。大家在现场集思广益、凝聚共识，不仅为村庄的发展贡献智慧，也促使大家对社会工作和村级社工站的建设有了更深刻的认识和信任。

开展多样活动宣传

村级社工站在此期间开展儿童种植小组活动，将"倾听、融合、互助"的社会工作理念通过活动与 14 名儿童进行贯通，让儿童感悟助人自助、团结协作在学习和生活中的积极意义。协助村委会开展村规民约议定活动，动员 8 名志愿者和村民共同参与、共同议定，筑牢拉家常议事的认知和意识，也充分展现了社会工作在组织村民议事、协助建设共商共治的乡村治理模式方面的重要作用。推动养老服务落地，X 项目服务人员入户开展老年人养老政策解答讲座，为老年人带去最实用、最清晰的养老政策，帮助老年人打通政策的"最后一米"，提高老年人的政策享受率，提升老年人的生活幸福指数。

W 镇社会工作主题宣传周活动自 3 月 17 日开始持续至 3 月 31 日，体现出多方联动共同合作、多样内容全面丰富、多种点位烘托氛围、内外齐宣共同发力的特点，将社会工作者们坚守使命、扎根农村、不忘初心、服务群众的专业服务风采、服务特色和社会工作发展成果充分展现出来。

三、怎样树立有特色的本土社会工作品牌

品牌打造是一个自上而下的过程，需要进行顶层设计、统筹规划，以社工站愿景、宗旨和价值观作为品牌打造行动的出发点和落脚点。本土社会工作品牌打造需要根据当地的"人、文、地、产、景"采取适宜的策略，并根据实践经验进行提炼总结。

（一）打造本土品牌服务项目

本土社会工作服务活动有着地域性、普遍性和针对性的特点。具有本土文化特色且社会工作服务质量较高是打造本土社会工作品牌的基础。社工站应在坚持服务对象主体地位的前提下提供优质服务，积极开发特色服务，积极打造一批有较大知名度和影响力的本土社会工作品牌服务项目，形成品牌聚合力，重视品牌的实效性和创新性，从而获得服务对象、同行及利益相关者的认可，形成品牌影响力。

（二）塑造良好的本土社会工作者形象

本土社会工作者的专业知识、服务水平、仪表着装、语言表达、行为举止都代表着本土社会工作的形象。社会工作是助人的专业，社会工作者所呈现的外部形象应该是积极向上的，因此，社工站应加强职业伦理教育及相关专业知识培训，避免出现损害其行业品牌形象的事情发生，打造一支专业且高素质的专业社会工作队伍。

（三）建立品牌传播体系

一是建立并完善社会工作视觉识别体系（简称 VI），明确社工站的站点名称、统一标识、象征图案、宣传标语、办公用品、衣着制服、旗帜标牌、内涵化、品牌化文创产品等基本的、外在的、直接的硬性视觉要素。二是完善社工站软性识别体系，明确服务理念、服务内容、服务目标、工作任务、工作制度、特色规范等文化特质。输出社工站特有的软性文化，使社工站的宣传更具有亲和力、感染力。三是建立需求导向的传播策略。明确传播受众，选择传播媒介，创新传播内容和方式。在品牌传播的过程中，除了要考虑社工站自身的特点和优势，也要从服务群体的需求出发，要适合服务人群的特质。四是策划和执行重大品牌公关活动。适时策划和

组织品牌活动，如建立社工站联盟、社会工作宣传周活动、慈善展、承办行业交流研讨会等，有效扩大品牌的传播力和影响力。

（四）建立品牌运营与维护机制

增强品牌保护意识，建立品牌危机的监测预防和处理机制。选择服务对象获取信息资源的概率较大的媒体资源，注意受众对平台的关注度。在宣传上注重事实，避免夸大服务效果而造成公信力下降，巧用媒体资源造势。有专业的人员或者团队去运营维护，并拓展机会进行交流合作。

第6章

社工站考核评估

　　各乡镇（街道）要明确责任分工，配合上级区（县）民政部门对乡镇（街道）社工站建设运营、服务开展、成果成效等进行日常监测、定期考核和评估工作。通过考核评估发现工作问题和不足，以及时反馈给各利益相关方作进一步讨论和调整。如果采用的是购买多个社会组织承接服务项目和服务岗位的方式来运营乡镇（街道）社工中心和各个村（居）级社工站，则需配合区（县）民政部门于每年年底前对乡镇（街道）社工中心和抽取部分村（居）级社工站开展基础建设和项目实施情况等方面的绩效考核，并将考核评估结果反馈至各乡镇（街道）主管部门，促进乡镇（街道）社工中心和各个村（居）级社工站提质增效。乡镇（街道）社工中心也可根据区（县）民政部门的工作部署和考评指标，邀请第三方具有专业资质的评估机构考核评估各村（居）级社工站的日常工作、项目指标、服务成效、服务对象满意度等细致化内容，以推进各村（居）级社工站及时调整工作方向和内容。

第一节　考核评估类型及内容

一、考核评估有哪些类型

　　考核评估是社工站以科学、系统的方式，对社工站的实施情况和项目运作进行考核评价，以衡量社工站运行的整体状况。考核评估类型主要有以下三种。

（一）过程评估

　　社工站的行为导向型考核评估可以分为客观角度和主观角度。客观角度主要通过排列比较和结构式叙述的方式进行考核评估，预先设计结构性表格，明确考评指标（如站点完善等），根据各站指标内容完成度进行排序，并以文字形式对各社工站进行考评结果描述；主观角度主要通过关键事件和阶段性调研观察进行，考评在项目实施过程中社工站发生的关键性事件，以事实为依据，不仅考核行为事件本身的优劣和结果，也要考虑行为事件的环境（如工作环境和人际环境等），对关键事件进行综合定性分析。同时，在不同的实施阶段，通过对村（居）的工作人员、志愿者和群众进行调研访谈，了解社工站的实施效果和进度，并将调研结果实时反馈，使主管领导部门进一步了解各村站的建设情况，以及辅助社工站在后续项目实施过程中调整改进，达到螺旋式上升。

（二）结果评估

结果评估更多的是以社工站项目初期实施方案的绩效指标和预期成果进行考核。专职考核评估的社会工作者在项目结项期根据项目绩效评估村（居）级社工站的服务开展情况，包括服务对象参与情况、活动和服务开展情况与村（居）环境资源收集情况等，通过这些信息来衡量考核社工站运行情况。

（三）效率评估

效率评估是指比较服务的投入和产出，进而发现资源利用率的评估方式。目前社工站的服务大多属于政府购买服务，所以社工站要向服务资助者交代具体的资源利用情况，同时也要向服务对象等作出交代，以增强村（居）级社工站的公信力，提升认可度。

二、社工站应该准备哪些待考核评估的内容

社工站的考核评估主要是目标评估，评估社工站项目目标实现程度、专业服务效果及项目资金使用情况等，目的是总结社会工作服务经验，提炼社会工作服务技巧，提升社工站服务水平。通过召开每月联席会议、中期总结会及专家研讨会等方式，评估社工站服务内容，发现问题和改善服务方式。考核结果分为优秀、良好、合格、基本合格、不合格5个等级。社工站评估的内容主要包括项目方案、项目实施、项目管理、项目成效等

宏观层面内容和综合能力、工作态度、实际工作表现、专业能力、职业操守等微观层面内容。

（一）宏观层面

1. 项目方案

项目方案是指对社会服务的预先计划。社工站在实施项目和进行社会服务之前都应制订项目方案，因而对项目方案进行评估是必不可少的。项目方案评估主要关注以下几个方面。

（1）方案要解决的问题是否重要，是否符合资助者或本机构的社会价值，是否具有优先性。

（2）方案实施的可行性（条件、机会及风险）。

（3）方案提出者的以往经验，方案所表明的资源利用效率，服务效果的丰富性等。

（4）要充分反映社会工作的价值追求、专业方法和良好的服务效果。

（5）项目方案、服务方案评估是否邀请专家参加。

2. 项目实施

一个好的项目方案要想顺利落实、发挥作用，项目的实施过程是其中关键的一环。项目实施过程是否顺利、程序是否严谨完整、整个过程是否按照项目方案实施等都是社工站考核评估中必不可少的部分。

3. 项目管理

项目管理是指在项目实施中运用专门的知识、技能、工具和方法，使项目能够在有限资源限定条件下，实现或超过设定的需求和期望的过程。

（1）项目招标文件、投标书及项目方案。加强对社工站服务项目的管理，明确项目执行程序、权限和进度，制定项目管理制度。

（2）在项目实施阶段，定期召开项目阶段总结会议，听取各个社工站的工作汇报，总结项目情况，按计划具体安排下一阶段工作。

（3）项目中期评估前（一般应完成项目进度的 50%），向项目监测方、评估方和采购方提交中期报告；项目末期完成项目，提交末期报告。

（4）建立《项目资金使用管理办法》，将项目资金纳入项目承接机构财务统一管理，单独核算。

（5）严格按照项目申报书、项目实施方案规定的要求和标准，将项目资金全部用于项目规定的服务。

（6）严格资金使用管理，根据财务管理制度履行资金使用审批手续，所有支出按规定审批后方可实施。

（7）重大事项由社工站主任和项目承接机构决策。

（8）项目所有支出必须取得合法票据及专家费支付表、志愿者补贴表等原始凭证，并载明事由或用途，由项目主管审核真实性、有效性、合法性后，再上报上级领导审核。

（9）站点社会工作者须做好服务资料整理归档工作，包括个案服务记录、小组工作记录、社区活动记录、活动照片、签到表、督导工作、培训记录、专家资料等。

（10）项目执行过程中及时收集视频、音频素材，整理典型事例，建立专门项目宣传档案，定期向监测方、评估方、采购方报送项目简报，及时报送、转送项目执行情况。

（11）建立项目专卷，规范项目资料管理，汇集整理项目资料，妥善保管、有序存放，留存全部文件资料备查，严防毁损、散失和泄密。

（12）项目完成后认真总结，广泛听取服务对象意见，分析总结服务反馈表，整理完善服务资料，撰写项目结项报告报监测方、评估方和采购方。

4. 项目成效

项目成效评估可以分为中期评估和末期评估。

中期评估是在项目进展到大约一半的时候进行的评估。中期阶段社工站考核评估的内容主要是现场听取驻站社会工作者的项目汇报，然后对各社工站档案完善情况、人员配备情况、志愿者管理情况、财务管理情况、专业服务开展情况等方面进行评估。就社工站服务项目中存在的问题和不足之处与社会工作者们进行深度交流并给予反馈，对有问题的地方进行修改以便后期项目的正常进行。

末期评估是在项目结束时进行的考核评估工作，主要是对社工站项目行政管理、服务计划与执行、服务产出与成效、工作台账和活动记录等内容进行评估，以总结项目的总体成效。

（二）微观层面

1. 综合能力

综合能力是社会工作者顺利开展工作的重要条件，包括语言表达能力、团队合作能力、抗压能力、适应能力、学习能力、人际关系能力及有效利用网络的能力。

2. 工作态度

工作态度是对工作所持有的评价与行为倾向，它在很大程度上影响一个人的工作绩效。工作态度包括工作的积极度、认真度、责任度、努力程度等。

3. 实际工作表现

根据实际的、可量化的工作表现来对社会工作者进行评价。主要包括：遵守相关制度，参加培训、会议，按时完成周工作计划，提出对社工站发展有利的建议等。

4. 专业能力

作为社会工作者开展工作的必备能力，专业能力的高低直接关系工作成效的好坏，应对社会工作者的专业能力进行考核。专业能力主要包括：创新能力、策划能力、行动能力、文字表达能力、对理论知识的综合运用能力、分析解决问题的能力、执行监控能力，以及开展个案工作、小组工作、社区工作的能力。

5. 职业操守

秉持社会工作价值理念，严格遵守相关守则和制度，能够通过有效的工作方法为服务对象带来良性改变。

三、社工站考核评估的指标有哪些

社工站考核的关键指标有党建活动、组织策划、实务开展、行政管理、沟通协调、服务创新、资源整合、宣传推广和服务成效等。

（一）党建活动

社工站中有无党组织成立。

是否经常性开展党建活动。

项目中有无关于党建的因素。

（二） 组织策划

是否制订合理的项目发展规划。

是否制订并完善项目年度工作计划。

是否组织社会工作者制订各岗位工作计划。

是否关注项目的服务指标完成情况。

（三） 实务开展

项目和合同指标的符合度如何。

具有影响力的活动开展情况。

（四） 行政管理

与利益方相关的工作安排情况。

协调配合项目督导和项目顾问情况。

组织社会工作者完成各项行政工作情况。

办公环境布置及工作制度的规范化情况。

固定资产、财务及场地管理情况。

日常人员安排及值班、安全、卫生等工作安排情况。

（五） 沟通协调

与主管部门的沟通协调工作情况，包括工作汇报、简报送达、数据反馈、接待交流等。

与社工机构等其他利益相关方的沟通情况。

（六） 服务创新

服务理念和手法如何。

项目亮点、特色活动如何。

服务创新点的公开发表情况。

（七） 资源整合

在物质或资金上得到相关单位、企业资助情况。

场地、设备、人力得到相关单位、企业资助支持情况。

得到相关部门、企业、社会组织捐助情况。

（八）宣传推广

文章发表情况。

报纸、刊物进行报道情况。

站点公众号、网站宣传情况。

（九）服务成效

获得上级部门的奖励和表彰情况。

服务对象的满意度如何。

社工站各个阶段评估情况。

第二节 考核评估奖惩措施

一、怎样看待考核评估的结果

社工站是将社会工作与基层民政建设紧密结合，通过建立乡镇（街道）社工站，打通为民服务"最后一米"，探索解决基层民政服务能力不足的可行路径。对比以营利为目的的机构和企业，人力资源管理工作在社工站的发展中起到了更加关键的作用。绩效考核作为一种管理、培养人才的方法能够提升社工站的人力资源管理效率，在满足战略性发展目标的同时还能够起到督促作用。

考核评估不仅是督促社工站和站内社会工作者的一种方式，也是帮助社工站及站内社会工作者认识自己、发现自己的一种方式，是在客观的基础上对工作进行的一种考核。所以，不管考核评估的结果如何，都应该积极面对，正确看待考核评估的结果。

不管是对于社工站还是站内从业人员，都应该接纳考核评估的结果。对于考核结果中优秀的部分要继续保持，对于存在不足的方面也应虚心接受，直面缺点。不管社工站反思的问题根源是来自社工站的管理制度还是运营模式，站内工作人员都应寻找自身不足之处，主动学习，寻找进步的方法。

二、怎样针对考核评估结果改进工作

社工站考核评估工作一般是由上级或者第三方机构来考核评估社工站运营情况以及站内社会工作者的工作表现情况，所以如何针对考核评估结果改进工作也可以从社工站和站内社会工作者两个角度来分析。

对于社工站来说，通过考核评估，社工站会在专业支持、资源整合、经验交流、人才队伍建设等方面进行反思，注重加强与乡镇（街道）和服务对象的沟通联系，及时反馈社工站工作情况和服务成效，使社工站的工作可以更好地满足地方需求。

对于站内社会工作者来说，通过社工站考核评估可以看清自身的优劣，对于工作中的不足之处可以向社工站的站长、主任或其他有经验的同事学习，观摩他人的做法，取长补短，多参加社工站组织的教育培训活动、相关领域的研讨会等，多阅读相关的书籍，不断提升能力和弥补工作上的不足。

三、有哪些针对考核评估结果的奖惩措施

考核评估奖惩措施可以有效调动各站社会工作者的积极性、主动性，强化各站建设服务水平。应根据各站的建设和发展情况以及考核评估情况提升社会工作者相应的荣誉感、成就感与物质激励。考核评估的惩罚措施也可以在一定程度上约束站内人员的行为。具体奖惩措施可参考以下内容。

（一）激励措施

1. 宣传推广

根据项目运行阶段，如半年期或一年期，举行社工站评比奖励活动，评选出优秀项目、优秀社工站等，联系当地所在政府和外部新媒体进行专业宣传，增加成就感。

2. 荣誉奖励

在评选活动中，对于表现较为突出者，应颁发荣誉证书、奖牌、锦旗或专用徽章等，并在相应宣传栏进行优秀人物和事迹宣传，提升社会工作

者的荣誉获得感。对于在工作中表现突出、取得显著成果的，设立领导小组每年表彰一次。对于在工作中作出重大贡献、取得优异成果的人员可报市、省、部等表彰嘉奖。

3. 物质奖励

对于考评优秀的社会工作者可以发放"四季大礼包""生活小能手"等实用物品奖励或者提供一次外出培训交流机会；对于社工站点，可以定向匹配一次活动物资，满足站点服务需求。

（二）惩罚措施

——有下列行为之一，但是未对社工站造成严重后果的站内从业人员，应进行谈话：

上班经常迟到、早退，擅离职守，屡教不改的。

对同事及服务对象态度蛮横，指出不改的。

无正当理由拒绝或没有全心全意为服务对象提供服务的。

对服务对象的诉求不理不睬、故意训斥为难服务对象的。

平时考核不合格的。

——有下列行为之一，但尚未造成严重后果的社工站人员，应给予书面诫勉：

不认真执行党和国家的法律、法规、规章、政府的决定、命令或多次违反单位规章制度的。

工作敷衍塞责、贻误工作的。

因个人工作不到位，给服务对象造成损失的。

本职工作受到有关部门通报批评的。

违反社会道德准则，损害了社工站声誉的。

一年内被连续谈话达3次的。

年度考核不合格的。

——有下列情形之一的，应与社工站站长、分管的副站长谈话：

一年内社工站人员有2人次被书面诫勉的。

社工站年度考核为基本合格的。

——有下列情形之一的，应给予社工站站长、分管的副站长书面诫勉：

社工站年度考核不合格的。

对其他工作人员压制批评、打击报复的。

——有下列情形之一的，应给予社工站站长、分管的副站长降职处理：

为服务对象提供虚假证明，导致较严重后果的。

违反财经纪律，浪费社工站资产的。

社工站连续两个年度考核不合格的。

本人年度考核不称职的。

——有下列情形之一的社工站从业人员，应给予解聘：

连续两个年度考核不合格的。

工作玩忽职守，造成重大事故，使国家、集体、群众利益遭受重大损失或造成恶劣影响的。

利用职务之便为自己或者他人谋取私利的。

工作能力差，经培训或调整工作岗位仍不能胜任工作的。

当年病事假累计超过 60 天或旷工超过 7 天的。

——年度考核不合格的社工站，扣发全体人员奖金。平时考核不合格的或受到书面诫勉的社工站人员，扣发本季度奖金。

参 考 文 献

［1］赵美娟．专业路径下社工机构的全面薪酬体系设计研究［D］．广州：广州大学，2019.

［2］卞海成．建构社工机构闭环式培训体系［J］．中国社会工作，2021（21）：39.

［3］李妍．政府部门临时聘用人员使用管理研究［D］．咸阳：西北农林科技大学，2019.

［4］梁欣妍．浅谈社工机构的绩效管理［J］．劳动保障世界，2018（15）：49.

［5］刘战旗，胡建新，蒋国庆．乡镇社工站人才特征与在地培养机制［J］．中国社会工作，2021（31）：28-29.

［6］王思斌，马凤芝．社会工作导论［M］．北京：北京大学出版社，2011：237.

［7］卫利珍．专业社会工作嵌入视角下的社工站运作研究［J］．法制与社会，2021（18）：117-119.

［8］钟兴菊，王李源．社区为本：发展性视角下养老照顾模式探索：以重庆 X 社区养老食堂共建过程为例［J］．社会工作与管理，2021，21（5）：70-82.

［9］湖北省民政厅课题组，孟志强．"五社联动"助推基层治理体系和治理能力现代化［J］．中国民政，2021（17）：38-39.

［10］朱亚青．社会工作介入社区社会组织培育研究：以济南市 S 社区社工项目为例［D］．济南：山东大学，2021.

［11］魏雨嫣．社区社会工作的资源链接与整合研究：以 W 社区社会组织建设项目为例［D］．南京：南京师范大学，2017.

［12］赵军雷．新时期乡镇（街道）社工站建设策略初探［J］．社会与公益，2020，11（12）：52-54.

［13］董洁．民政工作与社会工作的关系［J］．社会工作，2012（1）：54-56.

［14］赵宝爱．社工站对基层政府机构的被动依赖和主动依附［D］．武汉：华中师范大学，2019.

［15］钟育南．非营利组织公共关系若干问题探析［J］．北京工商大学学报（社会科学版），2007（4）：57-61.

［16］周虹宇．社会工作机构管理中的公共关系能力提升研究［D］．武汉：中南民族大学，2013.

［17］安秋玲．社会工作者实践性知识的生成过程与存在内容［J］．河北学刊，2021，41（4）：36-42.

［18］唐立，费梅苹．结构内化和反思建构：社会工作专业化逻辑的本土审视［J］．理论月刊，2021（1）：113-123.

［19］安秋玲．社会工作者实践性知识的社会向度探析［J］．社会科学，2021（7）：96-104.

［20］朱中伟，梁明富．互联网时代高校招生宣传途径的探索［J］．扬州教育学院学报，2020，38（3）：66-68.

后 记

在全国范围内，乡镇（街道）社工站建设正如火如荼地推进，成为当下社会工作领域的一个热门话题，吸引了无数的专业社工机构和社工积极参与、投身其中。基于具体实践，由从事相关工作的实践者总结提炼，并由编写组的专家老师进行指导，经过多次的讨论、修改、实践、再修改，不断完善内容，确保表达的准确性和实用性，最终完成了《社工站运营管理怎么做》的撰写工作。

本书是集体智慧和努力的结晶，感谢所有参与者的默默付出，大家的故事、经历、实践和感悟，都是我们撰写本书的动力和源泉。《社工站运营管理怎么做》一书各章、节的编写成员有中国社会科学院大学社会与民族学院教授陈涛，北京市大兴区魏善庄镇党委委员、副镇长、魏善庄镇社会工作服务中心主任肖伟，魏善庄镇社会工作服务中心专职副主任周伟静、专职培训社工杨欣然、专职事务社工李冬旭，包含了政、学、社多个领域的理论研学者与实务践行者。在本书编写过程中，陈涛教授组织编写组成员进行多次"头脑风暴"，根据相关政策定位并基于北京市大兴区魏善庄镇社工中心和村（社区）社工站点运营管理的具体实践情况，确定本书撰写框架；肖伟副镇长结合镇级社工中心和村（社区）社工站点的基础建设、制度建设、机制建设、服务开展等具体工作，指导本书撰写内容的侧重点分布；周伟静副主任和杨欣然、李冬旭社工主要负责本书的主体撰写；中国社科院大学的邓进、徐黎、吴翠珍三位同学协助做了书稿的修订与整理。

该书分为人员配备与管理、服务运作与管理、沟通协调机制、后勤支持、可持续发展及考核评估六个部分，着重体现了人员的素质培养和专业发展、服务的针对性和实效性、"双向沟通"的重要性、考核评估的公正

155

性和客观性等，内容写作注重实操性，基本形成了一个关于乡镇（街道）社工站基本建设和日常管理运行的完整且实用的指导体系。希望本书能够为社工站的同人提供一些运营管理的思路和启示，引起更多人关注和关心社工站，吸引更多的人参与社工站建设与发展，共同推进专业社会工作融入基层社会服务和社会治理，共同以专业的社会工作方法推进基层治理体系和治理能力朝着现代化的目标转型升级。

社工站的运营和管理是一个持续实践的过程，本书的完成只是一个开始，它旨在提供方向和内容上的基本指导，实际的运营和管理则会面临着资金、人力、管理等多方面的挑战，需要根据具体情况灵活应用和调整，通过不断的学习、探索和实践，做好社工站的本土化和专业化建设。

在此，衷心感谢每一位参与者的辛勤付出、热忱投入和专业贡献。让我们携手共进，为推动社工站事业的发展而努力奋斗！